U0519380

美国社会的公共政策

American Social and Public Policy

（第二版）

张晟　王丹　主编

李梅　蔡旋滔　周拓宇　宋洋　副主编

西南财经大学出版社

中国·成都

图书在版编目(CIP)数据

美国社会的公共政策/张晟,王丹主编. —2 版. —成都:西南财经
大学出版社,2016.11(2018.1 重印)
ISBN 978 - 7 - 5504 - 2708 - 2

Ⅰ.①美… Ⅱ.①张…②王… Ⅲ.①公共政策—美国—高等学
校—教材 Ⅳ.①D771.222

中国版本图书馆 CIP 数据核字(2016)第 265762 号

美国社会的公共政策(第二版)
MEIGUO SHEHUI DE GONGGONG ZHENGCE

张晟 王丹 主编
李梅 蔡旋滔 周拓宇 宋洋 副主编

责任编辑	王利
封面设计	张姗姗
责任印制	朱曼丽
出版发行	西南财经大学出版社(四川省成都市光华村街55号)
网 址	http://www.bookcj.com
电子邮件	bookcj@ foxmail.com
邮政编码	610074
电 话	028 - 87353785 87352368
照 排	四川胜翔数码印务设计有限公司
印 刷	郫县犀浦印刷厂
成品尺寸	148mm × 210mm
印 张	5.625
字 数	145 千字
版 次	2016 年 11 月第 2 版
印 次	2018 年 1 月第 2 次印刷
印 数	3001— 5500 册
书 号	ISBN 978 - 7 - 5504 - 2708 - 2
定 价	32.00 元

1. 版权所有,翻印必究。
2. 如有印刷、装订等差错,可向本社营销部调换。
3. 本书封底无本社数码防伪标识,不得销售。

第二版 前 言

　　《美国社会的公共政策》一书的基本内容是介绍美国的社会概况与美国的公共政策是如何相互影响和作用的，同时，伴随着美国社会的发展，美国政府为什么要这样制定相应的公共政策，并说明这些政策将会对美国社会产生何种影响。

　　政治学在多年的发展过程中逐渐形成了一系列用来描述和解释政治生活的概念和模型，这些模型并不是相互竞争或排斥的。在政策分析中，很难界定模型的用途，更不能简单地评论政治模型的成功与失败。其实，政治模型所关注的往往只是公共政策在社会生活中引起的不同反应，所解释的也只是社会生活的不同方面。我们运用不同的分析模型来描述和解释美国社会的公共政策，其目的是要告诉读者美国社会的公共政策所关注的关键领域，并鼓励读者使用政治学的这些概念和模型来解释相关领域中的公共政策的因果关系。学生既要了解美国社会的基本情况，又要掌握制定公共政策的主要影响因素，还要考虑美国社会的公共政策的发展，深刻理解美国社会现状和公共政策的基本概念、理论框架与基本要素，并有能力分析美国社会公共管理案例，掌握美国制定公共政策的价值观念、思维方法、模型路径，掌握具体的决策与分析技术，熟悉公共政策制定的主体和途径，了解美国在公共政策制定过程中的主要经验和教训，如美国社会公共政策问题的界定、美国社会公共政策方案的编制和抉择、美国社会公共政策的执行和美国社会公共政策的评估。

《美国社会的公共政策》一书主要是针对工科学生特别是应用技术型本科学生开展通识教育而编写的，充分考虑了应用技术型本科学生在通识教育学习中的需要。

本书由重庆邮电大学移通学院张晟老师、重庆邮电大学王丹老师任主编，重庆邮电大学移通学院李梅老师、蔡旋滔老师、宋洋老师以及重庆工商大学周拓宇老师任副主编。蔡旋滔、宋洋、周拓宇完成了本书相关资料的收集与整理及校对工作，李梅老师完成了每章节课后习题编写与案例搜集工作，王丹老师撰写了"第五章美国教育政策"，张晟老师撰写了其余 9 章并全书审核、统稿。本书的编写得到重庆邮电大学移通学院、重庆工商大学和重庆邮电大学的大力支持，编者对此表示衷心的感谢。同时本书的编写参考了一些同行专家与学者的文献，也一并在此表示感谢。

本书的编写是在一边教学一边撰写的状态下完成的，因此遗漏与错误在所难免，恳请读者提出批评指正。

编 者
2016 年 10 月

目 录

第一章
美国社会公共政策理论概要

第一节　社会学和公共政策学的定义

　　社会学是专门研究社会的学科，起源于 19 世纪末期，是从社会哲学演化出来的现代学科。社会学使用各种研究方法进行实证调查和批判分析，以发展及完善一套有关人类社会结构及活动的知识体系，并以运用这些知识去寻求或改善社会福利为目标。社会学的研究范围广泛，包括了由微观层级的社会行动或人际互动至宏观层级的社会系统或结构，因此社会学通常与经济学、政治学、人类学、心理学、历史学等学科并列于社会科学领域之下。

　　公共政策的定义：公共政策是公共权力机关经由政治过程所选择和制定的解决公共问题、达成公共目标、实现公共利益的方案，其作用是规范和指导有关机构、团体或个人的行动，其表达形式包括法律法规、行政规定或命令、国家领导人口头或书面的指示、政府规划等。

　　公共政策作为对社会利益的权威性分配，集中反映了社会利益，从而决定了公共政策必须反映大多数人的利益才能使其具有合法性。因而，许多学者都将公共政策的目标导向定位于公共利益的实现，认为公共利益是公共政策的价值取向和逻辑

1

起点，是公共政策的本质与归属、出发点和最终目的。

学者们的看法

伍德罗·威尔逊认为，公共政策是由政治家即具有立法权的人制定而由行政人员执行的法律和法规。

哈罗德·D.拉斯韦尔和亚伯拉罕·卡普兰指出："政策是一种为某项目标、价值与实践而设计的计划。"

戴维·伊斯顿认为，公共政策是政府对整个社会的价值所做的权威性的分配。

托马斯·R.戴伊认为："公共政策就是政府选择要做或者不要做的事情。"

罗伯特·艾斯通认为，公共政策就是"政府机关和它周围环境之间的关系，用公式表达即为 $P = f(G, E)$，P 指公共政策，G 指政府系统，E 指生存环境"。

斯图亚特·S.那格尔认为："公共政策就是政府为解决各种各样的问题所做出的决定。"

社会学与公共政策学的区分

社会学在研究题材上或研究法则上均有相当的广泛性，其传统研究对象包括了社会分层、社会阶级、社会流动、社会宗教、社会法律、越轨行为等，而采取的研究方法则包括定性和定量模式。由于人类活动的所有领域都由社会结构、个体机构影响塑造而成，所以随着社会的发展，社会学进一步扩大其研究重点至其他相关科目，例如医疗、军事或刑事制度、互联网等，甚至包括"科学知识发展在社会活动中的作用"一类课题。社会科学方法的范围也越来越广泛。20世纪中叶以来，多样化的语言、文化转变也同时产生了更多更具有诠释性、哲学性的社会研究模式。而且，自20世纪末掀起的科技浪潮，也为社会学带来了崭新的数学化计算分析技术，例如个体建模（ABM）和社交网络分析。

社会科学是对人类社会特征、交互作用和变化的研究。例如人类学、经济学、历史学、心理学、政治学。

公共政策学是一门交叉性学科，具有很强的综合性，涉及社会科学和自然科学两大领域中很多内容，目的是培养掌握公共政策学理论和政策分析方法、熟悉具体政策法规、多学科知识交叉的复合型人才。

通过学习公共政策学，可以让学生具备以下几方面的能力：

（1）掌握公共政策学的基本理论和专业知识；

（2）掌握公共政策分析的价值观念、思维方法、模型路径，掌握具体的决策与分析技术；

（3）熟悉公共政策制定的主体和途径，了解公共政策制定中的主要历史经验和教训；

（4）运用现代公共政策学原理和方法分析问题、解决问题的能力；

（5）具备公共政策问题界定能力、公共政策方案规划和抉择能力、公共政策执行能力、公共政策评估能力。

研究公共政策学的方法

公共政策学是科学，决策科学化是这门学科的根本诉求。就是在既定的政策目标和价值体系下，以最佳途径和环节达到最佳政策效果；就是无论从结果取向来衡量，还是从过程取向来衡量，都具有科学的品格。科学的品格：第一个品格是理论假设与实践经验相一致，第二个品格是用理论手段整理材料，第三个品格是其理论结构具有逻辑完备性和逻辑一致性，第四个品格是简单性原则。

科学追求即借助一定的方法、程序和手段尽可能充分地使科学的品格在研究过程特别是研究结果中得到实现和体现，也是公共政策学的根本追求。

公共政策学的研究方法所依据的认识论是辩证唯物主义，这种认识论综合并吸收其他认识论如经验主义、理性主义、逻辑经验主义、后现代主义的合理成分，因此具有全面性。

公共政策学的研究方法所依据的认识论有五种：经验主义、理性主义、逻辑经验主义、后现代主义、辩证唯物主义。

经验主义与理性主义是 16 世纪末至 18 世纪中期西方思想史上两种主要的认识论。

逻辑经验主义的认识论主要有三个特点：第一，经验证实原则。它是逻辑经验主义的根本原则，它规定知识必须来自经验。第二，以逻辑分析来补充实证经验。第三，科学方法体现出的科学观。

后现代主义对公共政策学的影响主要在认识论、方法论和科学观方面。

辩证唯物主义有两个特点：第一，全面性，或者说由于它综合了各种片面的认识中正确的方面，因此，它本身就最少片面性。第二，实践性，或者说它在实践的基础上，实现了感性与理性、经验与理论、个别与一般、整体与部分、真理的相对性与绝对性、归纳与演绎的统一。

何谓科学的研究方法

它是一个系统的步骤，是有组织的一系列的步骤，以确保学术研究具有最大的客观性和一致性。

公共政策是社会的解决方案

从公共政策的发展与演进历程来看，公共政策总是指向问题（Problem-oriented）的。美国在 20 世纪 20 年代末 30 年代初的经济危机中实施政府对经济和社会生活的积极干预，以解决当时因经济危机带来的社会问题，尤其是二战结束后，大规模制定公共政策以解决战后的社会问题成为一种普遍现象，而公共政策的研究也发端于政府的干预需要和民众对政府政策效率进行监督的需要，其基本内容是研究公共问题的解决路径与解决程度。如何在对问题进行科学分类的基础上对纷繁复杂的公共政策进行分类，并归纳出解决问题的逻辑，成为制定与评估公共政策的理论基础。科学的分类能够直达事物的本质，如同动物学分类学，纲目类别已经指明了动物的演化路径及特征。对社会现象分类，由于研究者身处其中，从而增加了进行客观冷静观察的困难，因此，对社会现象的分类不易达其本质。公共政策作为一种由政府调节社会利益的工具，已经进入人们社会生活的主要领域，由于关涉个人的利益，使人更难以置身事外。科学的归类有利于人们更好地理解公共政策，更为科学地制定和执行公共政策，当然也能为公共政策的效果评估提供一个更为便捷的入口。

政策分析的意义

政策分析（Policy Analysis）是对政策的调研、制定、分析、筛选、实施和评价的全过程进行研究的方法，又称政策科学。政策分析的核心问题是对备选政策的效果、本质及其产生的原因进行分析。它是在运筹学和系统分析的基础上发展起来的。运筹学和系统分析侧重于对问题进行定量分析，政策分析则侧重于对问题进行定性分析，从而发现新的政策方案和解决途径。

政策分析起源于美国。1951 年莱斯韦尔与勒恩纳合作，在美国出版《政策科学》一书，为政策分析奠定了基础，因此莱斯韦尔成为政策分析的奠基人。《政策科学》一书出版后，并未引起应有的重视。直到 20 世纪 60 年代末，由于各种复杂的社会问题不断出现，暴露出系统分析方法的局限性，政策分析才开始受到重视。1969 年莱斯韦尔组织领导了世界上第一个政策科学研究小组。20 世纪 60 年代末到 70 年代初，美国兰德公司的 J. 德热主编了一套政策科学丛书，有人称之为"政策科学三部曲"，即《重新审查公共政策的制定过程》（1968）、《政策科学探索》（1971）、《关于政策科学的设想》（1971）。20 世纪 70 年代初，美国社会学家奎德主编的《政策科学》杂志正式创刊，政策科学的奠基人莱斯韦尔也发表了新著《二十年之后》，对政策分析做了深入的探讨。1980 年，美国社会学家 S. 尼格尔主编的《政策研究手册》一书正式出版。1983 年，尼格尔主编的《政策科学百科全书》正式出版，标志着政策分析这一学科已渐趋成熟。20 世纪 80 年代以来，美国兰德公司开始培养政策分析博士研究生，社会上开始出现政策分析专家。1985 年美国设立莱斯韦尔奖，授予对政策分析做出重要贡献的学者。现在国际上已公开出版 5 种政策分析方面的杂志，即《政策分析》《政策科学》《公共政策》《公共利益》《政策研究杂志》。

政策分析是由运筹学和系统分析学逐步发展起来的。20 世纪 40 年代初运筹学在解决雷达的最优配置等战术问题上发挥了很好的作用，并逐步从军事领域扩大到经济、能源、交通、安全等社会问题。但单纯依靠运筹学中最优化技术来解决社会问题并不理想，因为它只考虑本系统的优化，而没有充分考虑对更大的系统的影响。20 世纪 50 年代中期，导弹危机加速了涉及系统之间关系及非定量化问题的系统分析和系统工程的发展。成本—效益分析等系统分析方法将运筹学中的最优化技术与经济分析和逻辑推理结合起来。20 世纪 50~60 年代出现了系统分析的热潮。系统分析要求对备选方案的最终结果进行预测，要求系统变量和系统模型有清晰的定量的表示，局部决策与总体决策目标一致，技术经济分析标准一致，逻辑推理过程前后一致。但实际上在政策制定过程中很难达到上述要求，因为政策制定是各种有利害关系的组织、团体、个人和制定者本身的相互沟通和协调的过程，而不是严格按推理做出抉择的结果。系统分析把最优抉择作为分析过程的终点，政策分析则还要考虑政策制定与政策实施、筛选、评价等关系，涉及人类学和行为科学的一些观点（如组织、文化、个人价值观、社会心理等）以及类似的意识形态等问题。系统分析对备选方案的选择准则是效益或效能指标，而政策方案的评价准则则要复杂得多。政策分析应用了系统分析的某些方法，但政策分析考虑问题的范围要宽泛得多，定性分析涉及的面也要大得多。政策分析考虑得比较全面，容易契合社会的实际情况。

政策分析的理论基础涉及控制论、运筹学、系统分析、对策论、决策分析、行为科学、社会心理学、组织理论、权威理论、群体理论、结构功能理论、渐进理论和有限理性论等。其中渐进理论和有限理性论对政策分析起着重要作用。

渐进理论是由美国耶鲁大学经济学家林德布洛姆提出来的。他在《政策分析》等文章中指出政策制定程序是渐进的，政策在每一阶段的变化也是渐进的，目的是为了减少冲突，保持政治系统的稳定性。有限理性论则来自美国诺贝尔奖获得者 H. A. 西蒙的观点。他从人的认识能力或信息处理能力有限出发，认为政策的制定和贯彻是不断利用相关信息加以逐步改进的过程。用可行的手段去衡量和调整目标，只能获得较满意的政策效果。

政策分析重视比较研究，通过对不同地区、不同国家采取不同政策的结果进行分析，可寻找到政策分析规律，提高政策分析的有效性和普遍性，提出新的比较方法和理论。

第二节　美国的社会概况

美国社会属于西方文化系统，在美国立国之前就已开始发展。它拥有自己独特的社会文化特征，如方言、音乐、艺术、社会习惯、美食、民俗等。今天的美利坚合众国是一个民族和种族多元化的国家，整个历史中都不断有其他国家的人民移民美国。它的早期的主要影响来自英国和爱尔兰的移民。由于英国的殖民政策和英语、法律体系和其他文化遗产的传播，英国文化具有主导性的影响。其他重要的影响来自欧洲其他地区。

社会阶层和职业

尽管大多数美国人现在认为他们是中产阶级，但是美国社会和美国文化的分层更加细致。社会阶层通常为教育程度、收入和职业声望的结合，是美国最有影响的文化之一。在美国，几乎所有的社会互动和消费者行为都表示了一个人在社会结构中所处的位置。

不同的生活方式、消费方式和价值观与不同阶层有关系。例如，早期社会学家和经济学家凡伯伦注意到，在社会阶层顶级的人都会涉及挥霍式休闲和炫耀性消费。中上阶层的人群通常把教育程度和文化素质当成基本的价值观。在这个社会阶层的人通常发言更加直接以显示其权威性、知识性和信誉度。他们经常会涉及所谓的大众奢侈消费，比如品牌衣服。对于自然原料和有机食物的青睐和强烈的健康意识也是中上阶层人群的显著特征。中产阶级普遍重视拓宽个人视野，他们受教育程度较高，收入比较可观，可以负担较昂贵的休闲和旅行的开支。工人阶级会因为他们所做的是"实际工作"而感到非常自豪，并且他们之间联系紧密来防范经常的经济不稳定。许多美国工人在工厂里几乎享受不到一点自主权和创造的自由。所以，白领专业人士更满意于他们现在的工作。

政治行为也受阶层影响，比较富裕的人士会更加愿意参与投票，教育程度和收入阶层会影响一个人是投票给民主党还是共和党。收入同样在很大程度上影响健康，收入比较高的人群会拥有更好的卫生保健设施，并且有较长的寿命、低婴儿死亡率和较强的健康意识。

在美国，职业是划分社会阶层的主要因素，并且与一个人的身份紧密地相联系。在美国，一个人全职工作一周的平均时间为 42.9 小时，有 30% 的人工作一周超过 40 小时。这应该引起注意。在 2006 年的前两季，美国人平均 1 小时赚 16.64 美元。总体来说，相比于同样的发达后工业化国家，美国人的工作时间更长。相比于丹麦的工作人士平均一年享受 30 天的假期，美国人平均一年只有 16 天的假期。在 2000 年，美国人平均一年工作 1 978 个小时，比德国人的年均工时多 500 个小时，但是比捷克人年均工时少 100 个小时。总的来说，美国的劳动力是全世界产量最高的（总数量，非每小时工作量），很大程度上正是因为相比于其他的后工业化国家（韩国除外），美国的工作人士工作时间更长。美国人普遍十分敬业，忙碌并高强度地工作也被认为是获得他人尊重的方式。

运动

自 19 世纪末期起，棒球成为美国的国民运动；橄榄球、篮球和冰球是美国领先的三个职业团体运动。大学生橄榄球和篮球也吸引了大批观众。现在，橄榄球通过各种方式，成了美国最受欢迎的观众最多的体育运动。拳击和赛马曾经是观众最多的个人运动，但是现在高尔夫球和赛车遮盖了它们的光芒，尤其是全美汽车协会比赛更是受到广泛关注。足球虽然不是这个国家的最受人喜爱的职业运动，却在年轻人和业余爱好者中广泛流行。网球和其他户外运动也十分流行。

食物和衣服

汉堡包在美国是十分受欢迎的食物。由于美国广大的大陆面积、相对庞大的人口（3 亿多）和移民带来的大量影响，美国的食物非常多样化。在家烹调的食物有很多类型，这取决于地区性和家族的文化遗传。多数移民趋向于吃与自己在原国家吃的相似的食物和一些美国化的食物，比如中美融合食物和意大利与美国融合的食物到最后经常会出现，一个例子就是越南菜肴、韩国菜肴和泰国菜肴。德国菜肴对美国菜肴有很深远的影响，尤其是中西部的食物，在两种菜肴中有许多标志性的原料，如土豆、面条、烤肉、炖汤和蛋糕或点心。食物如汉堡包、炖肉、烤火腿和热狗都是源于德国食物的美国化食物的例子。美国的不同地区都有自己的菜肴和烹饪方式。举个例子，在路易斯安那州，法裔和克里奥尔式的烹饪十分著名。法裔和克里奥尔式的烹饪方式受法国人、阿卡迪亚人和海地人的烹饪方式影响，虽然他们自己的食物是原创的和独特的。它通常包括蒸小龙虾、红豆饭、海鲜或鸡肉秋葵浓汤、什锦菜肴和香肠。受意大利、德国、匈牙利和中国影响，传统的美国食物、加勒比海、墨西哥和希腊菜肴也在美国普通食物中传播开来。这在美国中部的中产阶级中十分受欢迎，比如，比萨店、家庭制作的比萨、墨西哥辣肉、红辣椒鸡、磨牛肉丝和德国式小香肠配泡菜都可以成为正餐。

"夏威夷衬衫"在夏威夷流行并在美国西部较为盛行。除了职业商务正装之外，美国的服装比较折中或者主要以非正式形式出现。美国各种各样的文化渊源反映在其服装方面，尤其是在最近的移民的服装中，牛仔帽、靴子和摩托车手皮夹克都是明确的美国风格的标志。在19世纪50年代，商人李维·史特劳斯——一个移民到旧金山的德籍犹太人推动了作为工作服的牛仔裤的流行，并且在一个世纪之后被很多美国青少年接受。现在，在世界的每一块大陆上，各种年龄和不同阶层的人士都流行穿牛仔裤。与总的大众非正式着装一起，牛仔裤可以被认为是美国文化对全球时尚的最大贡献。美国也同样是许多领先品牌的发源地，如拉夫·劳伦和卡尔文克·莱恩。品牌如阿贝克隆比·费奇和红犀牛则迎合各种缝隙（小众）市场。

教育

美国的教育主要由政府提供，由三级政府管理和资助：联邦政府、州政府和地方政府。美国人上学接受教育是强制的，并且初等（小学）和高等（中学）教育几乎普及。

学生有权利选择是在公立学校、私立学校还是家庭学校接受教育。在大多数公立和私立学校中，教育被分为三个等级：小学、初中和高中。在完成中学教育后，孩子们可以升入"学院"或"大学"。

2000年，从幼儿园到研究生院共有7 660万学生入学。其中，70%的12~17岁的学生因为他们的年龄而被判断为在学术"轨道"上（在年级水平或年级水平之上登记入学）。接受义务教育的学生，有 520 万（10.4%）人在私立学校上学。在成人中，超过 85% 的人完成了高中教育，27% 的人拥有一个学士学位或者更高学历。

语言

在美国，主要的语言是美式英语。根据 2000 年美国人口普查的结果，超过 97% 的美国人可以说一口漂亮的英语，有 81% 的人在家时只说英语。有将近 3 000 万以西班牙语为母语的人也居住在美国。除了英语，在美国有 300 种语言被当地人使用，其中一些被原住民使用（大约 150 种现存语言），其他一些由各种移民引入。美国手语主要被聋哑人使用，同样也是本地语言。夏威夷语同样也是美国的本国语言，它只在夏威夷州是当地语言。西班牙语是美国第二大通用语言，而且也是官方语言之一，并在美国广泛使用。

在美国有三种主要的地方方言：东北部、北美内陆和美国中西部地方方言。中西部口音被认为是美国的"标准口音"，并与世界上说英语的其他地方的标准发音在许多方面相似，从原本的中部殖民地延伸到了横跨中西部至太平洋沿岸各州。

宗教

历史上，美国的宗教传统一直被新（基督）教主导。现在，超过 3/4 的美国人认为新教徒（56%）在基督教徒中占据了稍微大一点的比例。天主教（27%）是最大的一种基督教派，因为新教分属于不同的教派。在美国还有其他宗教存在，比如犹太教、印度教、伊斯兰教、佛教等。大约 16% 的美国公民是无神论者、不可知论者或无宗教信仰者。

住房

第二次世界大战结束之后不久，美国人住在郊区的人数开始上升，城市周围的人口密度比农村地区高，但是比城市中心地区低很多。这种迁移由很多因素促成，比如汽车拥有量的增长、大片土地的可用性、更多更长的公路、城市中心暴力事件渐增和郊区住宅廉价等。这些新住宅一般是一层或两层高，且数量众多，基本上是由一个开发商开发的。由此带来的低密度开发被冠上"城市扩张"的标签。但是，这个现象正在变化，"白人逃亡"正在被逆转，许多雅皮士、中上阶层人士和"婴儿潮"时代出生的空巢人群回到城市中生活，通常住在托管公寓中，比如纽约下东区和芝加哥南环。接近国家中等价位的城市住房也一直在失去中等收入人群。在这里，比较富裕的人经常被认为是专业人士或者中上阶层的中产阶级，而他们会去搜寻郊区里更大的住房。这个趋势的形成很大原因源自所谓的"中产阶级压力"，这使统计学上的中产阶级和更有权力的中产阶级产生了明显的区别。但是在很多地价更贵的地区，比如加利福尼亚州，另外一种趋势出现，即更加富裕的中产阶级代替本来的真正社会中产和经过转换的前社会中产流入了中上阶层的居民区。

由于更多的人因工作和娱乐迁移到城市，农村地区的人口一直在下降。20 世纪 40 年代，"农场大逃离"就开始了，最近几年只有不到 2% 的人真正居住在农场，而其他人住在乡村工作在城市，上下班往返。

大约有一半的美国人现在居住在人们所说的"郊区"。郊区的基本家庭结构现在被认为是"美国梦"的一部分：一对正式结婚的夫妇带着孩子们在郊区拥有一套房子。这个原型被大众传媒、宗教活动和政府政策强化，并且它建立在盎格鲁—撒克森文化基础之上。

城市居民更加倾向于搭乘大众交通，孩子们则走路或者骑自行车上学，而不是由家长开车接送。

两性关系

情侣通常通过宗教组织、工作、学校或朋友聚会而相识。

"约会服务"是一种设计来帮助人们寻找另一半的服务，无论在网上还是网下都很流行。在过去的几十年里，越来越多的人倾向于在婚前同居或者以同居替代结婚。2000年的美国人口调查报告显示有970万异性伴侣同居，并且大约有130万同性伴侣同居。这些同居方式之前并没有成为法律管制的重点，但是现在许多州都有同志伴侣章程和判例，同居津贴规定为未结婚的情侣提供资助。

青少年性行为十分普遍，大多数美国人在十几岁时开始有性关系。现在的数据显示，美国人到了18岁，就有超过一半多一点的女性和几乎2/3的男性已经发生过性行为。超过一半的青少年有性伴侣。危险的性行为在青少年之间蔓延，涉及"任何有关于性交"的行为。在美国，青少年怀孕的概率在1999—2000年下降了28%，从每1 000人117人怀孕减少到每1 000人84人怀孕。

结婚与离婚

婚姻法由各州独立制定。同性结婚现在在马萨诸塞州、艾奥瓦州、佛蒙特州、缅因州、新罕布什尔州合法，并且康涅狄克州、新泽西州、加利福尼亚州、俄勒冈州、华盛顿特区、华盛顿州和内华达州允许同性伴侣在民事联姻和同居关系之下获得大多数州级的结婚津贴。夏威夷州、马里兰州和科罗拉多州给同居伴侣提供一些津贴。在很多州，跨越州获得在本州非法的婚姻关系是违法的。典型的宗教婚礼是：一对情侣在他们的亲属和朋友面前，互相对对方宣誓承诺，通常由一个宗教人士主持，比如牧师、神父或者拉比，这取决于这对情侣的信仰。在传统的基督教仪式上，新娘的父亲要把新娘的手交给新郎。世俗的婚礼普遍由法官、治安法官或其他市政府官员主持。

离婚属于州政府管理，所以各州离婚法有所不同。在20世纪70年代之前，离婚配偶需要证明另一方配偶有罪责或者罪恶，比如抛弃或者通奸。如果夫妻只是简单的相处不来，律师们会被迫制造出"无可争议"的离婚案。无错误离婚革命在1969年的加利福尼亚州开始，南达科他州是最后一个允许无错误离婚的州。在1985年，在"不可和解的差异"之上的无错误离婚在所有州可执行。但是，许多州最近要求在正式离婚之前有一个分居期。当孩子受到影响时，州的法律对孩子提供支持，有时提供赡养费。现在的成人离婚率是20年之前的2.5倍，是50年之前的4倍，40%~60%的首次结婚会最终以离婚收场。在第一个五年之内的可能性是20%，在第一个十年之内的可能性是33%，当孩子到16岁时，可能有25%会与继父或继母居住在同一屋檐下。美国今天的婚姻长度平均为11年，有90%的人会在庭外和解离婚。

性别角色

自1970年以来，传统的男性和女性角色日益被法律和社会否定。在今天，很多职务不会因为一个人的性别而受到限制。军队是一个明显的例外，因为女性在法律上不会被要求上前线作战。

如今，大多数社会角色已没有性别限制，但某些角色还有一些约束。越来越多的女性进入工作场所，在2000年，46.6%的劳动力来自女性，比1900年的18.3%大大上升。但是，大多数男性并没有接受传统的家庭主妇角色，同样的，很少男性会做传统的女性工作，比如接待员或者护士。反而是在美国内战之前，护士是一个传统的男性角色。

死亡仪式

在美国，因所爱的人逝去而在殡仪馆守夜是一个习俗。如果有现场吊唁，死者的尸体会经防腐处理，并且会被穿上得体的衣服。传统的犹太人和穆斯林的仪式包括沐浴和尸体防腐。朋友、亲人和熟人都会从不同的地区赶来，对死者表达最后的敬意。棺材旁摆满鲜花，有时会致悼词、唱挽歌、叙述死者生前轶事或者举行集体祈祷会。另外，参与者会坐着、站着或者跪着静静地默哀或者祈祷。亲吻死者的前额在意大利裔美国人中十分典型。通常都会向死者遗孀或鳏夫或者其他亲人致意表示哀悼。

葬礼通常会在死者故去后立刻举行或第二天举行。葬礼仪式根据宗教和文化不同而有不同的变化。美国天主教举行葬礼仪式的代表性地点是教堂，有时会采取追思弥撒的形式。犹太裔美国人通常在犹太教会堂或者庙宇举行仪式。护棺者会把已故者的棺材搬到灵车上，然后列队将其送到最终长眠之处，通常是墓地。独特的新奥尔良人的爵士葬礼游行中会有很多快乐的喧闹的音乐。奥本山公墓（建立在 1831 年）以美国第一个花园墓地著名。美国墓地的设计因它们的花园化而出名。排排墓穴会被草地覆盖，并散布在树和花丛之间。墓碑、陵墓、雕像或简单的瓷板是个人墓穴的典型标志。火葬在美国是另外一种普遍的习惯，尽管很多宗教都对此嗤之以鼻。已故之人的骨灰会被装在骨灰瓮之中，可能会放到私人住宅里或者被埋葬。有时骨灰会被撒到空中、海里。扬撒骨灰是非正规仪式的一个环节，在自然景区（悬崖、湖泊或者山顶）举行多被死者青睐。

殡仪业在美国已经发展起来，替代了之前更正式的传统仪式。在殡仪馆流行之前，守丧会通常在普通的私人住宅里进行。

家庭结构

在 20 世纪中一段相当短的时期之内，大多数的美国家庭坚持核心家庭的概念（一对正式结婚的伴侣与一个亲生的孩子），现在单亲家庭、无子女伴侣和混合家庭则组成了美国家庭的绝大多数。

另外一个变化是，年轻人离开父母（家庭）独立生活的年龄在不断上升。传统上，一个人超过进大学年龄还与父母住在一起会被否定地看待，但是现在孩子到了 25 岁仍与父母住在一起已不是罕见的情况。这个趋势主要应归因于不断上升的生活费用早已超越过去几十年的水平。所以，许多年轻人现在超过

25 岁还与父母保持很好的联系。这个话题在 2005 年登上了《时代》杂志的封面。

在 25 岁之前离家独立生活的习俗会是意大利裔和西班牙裔美国人的例外，而且在昂贵的城市房地产市场，比如纽约、加利福尼亚和火奴鲁鲁，在外租房的月租金通常会超过 1 000 美元。

单亲家庭是指有一个成年人（多数是女性）和一个或多个小孩的家庭。在单亲家庭，一个家长通常会在另一半的帮助或者无帮助的情况下独力抚养孩子。这个家长是家庭唯一的养家糊口的人，所以这些家庭的经济特别脆弱。他们的贫困度更高，而且这些家庭的孩子们会有更多教育方面的问题。

区域差异

美国不同地区的文化差异体现在新英格兰、中大西洋各州、美国南部、美国中西部、美国西南部、美国西部和西北太平洋地区的历史。美国大陆的西岸由加利福尼亚和俄勒冈州组成，华盛顿州有时也被包括在西海岸，因为它有"左倾"的政治倾向和自由主义规范、社会习俗和价值观。

在美国，巨大的地区文化差异有一段很长的历史，内战前的南方奴隶社会是一个最好的例证。在北方和南方地区，不止社会文化方面，经济关系也十分紧张，以至于最终南方地区宣布独立，从而引发了美国内战。区域差异的一个例子是对待性的态度。通常在美国东北部地区，对性讨论的限制较少，但是在美国南部地区被看成是一个禁忌。在 1989 年由大卫·哈克特·费舍尔撰写的 *Albion's Seed* 里面，他对美国由四种截然不同的区域文化组成的理论提出了强有力的证据。这本书的焦点是：4 组不列颠群岛的人在 17 世纪到 18 世纪之间从英国和爱尔兰移民到美国。这些族群的文化和习俗是持续的，尽管随着时间流逝而有一些改变。这为美国现在的四种现代地域文化奠定了基础。

第三节　系统的理论模型

系统的理论模型如下图所示：

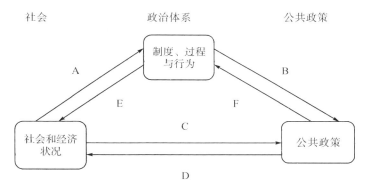

社会　　　　　　　　政治体系　　　　　　　公共政策

制度、过程
与行为

A　　　　　　　　　B

E　　　　　F

社会和经济
状况　　　　　　　　　　　公共政策

C

D

　　箭头 A：社会和经济状况对政治和政府制度、过程和行为有什么影响？

　　箭头 B：政治和政府制度、过程和行为对制定公共政策有什么影响？

　　箭头 C：社会和经济状况对制定公共政策有什么影响？

　　箭头 D：公共政策对社会和经济状况有什么作用（反作用）？

　　箭头 E：政治和政府制度、过程和行为对社会和经济状况有什么作用（反作用）？

　　箭头 F：公共政策对政治和政府的制度、过程和行为有什么作用（反作用）？

　　当我们研究公共政策形成的原因时，公共政策就变成因变量，而影响公共政策的各种政治、社会、经济及文化因素等则成为自变量（系统的理论模型 C 所指的关系）。例如：

　　·公众种族态度的改变会对民权政策产生什么影响？

　　·经济不景气对政府支出有什么影响？

　　·老龄化社会的到来对社会保障和医疗卫生项目有什么影响？

　　当我们分析公共政策的结果时，公共政策就变成了自变量，政策对社会产生的政治、社会、经济和文化影响则是因变量（系统的理论模型 D 所指的关系）。例如：

- 伊拉克战争对共和党在国会中的地位将产生什么影响？
- 改变移民政策对总统的声望有什么影响？

内容回顾：

　　本章作为理论基础章节，是学习本门课程不可缺少的部分。本章主要介绍社会学和公共政策学的定义及其区分，说明公共政策是社会问题的解决方案，从政策分析中能学到的基本的概念和知识。从社会阶层和职业、运动、教育、宗教等各个方面介绍美国社会概况，并简要概述了研究公共政策所需要的系统的理论模型。

　　学习本章，应重点掌握下列几个知识点：社会学、公共政策学、公共政策是社会的解决方案、各个层面的社会概况、从政策分析中能学到什么。

复习思考题：

一、选择题

1. 下列（　　）项不属于政策分析。
   A. 描述政策　　　　　　　　B. 调查原因
   C. 探究结果　　　　　　　　D. 提出政策建议
2. 下列（　　）条是托马斯·R. 戴伊对公共政策的看法。
   A. 公共政策是由政治家即具有立法权的人制定而由行政人员执行的法律和法规
   B. 公共政策是政府对整个社会的价值所做的权威性的分配
   C. 公共政策就是政府选择要做或者不要做的事情
   D. 公共政策就是政府为解决各种各样的问题所做出的决定

3. 自 19 世纪末期起，下列 （　　） 种运动成为美国的国民运动。

    A. 橄榄球　　　　　　　　　B. 篮球

    C. 冰球　　　　　　　　　　D. 棒球

4. 在美国的第二大通用语言是 （　　）。

    A. 英语　　　　　　　　　　B. 西班牙语

    C. 夏威夷语　　　　　　　　D. 法语

5. 下列 （　　） 项是系统的理论模型中箭头 C 所指的关系。

    A. 社会和经济状况对政治和政府制度、过程和行为有什么影响

    B. 社会和经济状况对制定公共政策有什么影响

    C. 公共政策对社会和经济状况有什么作用 （反作用）

    D. 公共政策对政治和政府的制度、过程和行为有什么作用 （反作用）

答案：1. D　2. C　3. D　4. B　5. B

二、思考题

1. 谈谈你对美国社会的看法。

2. 谈谈系统的理论模型中社会、政治体系和公共政策相互之间的关系及作用。

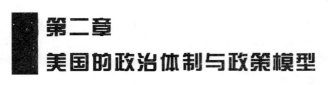

第二章
美国的政治体制与政策模型

第一节　美国的政治体制

三权分立制度的建立

　　美国的三权分立制度是 1787 年联邦宪法的一项重要内容，是美国政治思想体系的重要组成部分。所谓三权分立，是指把国家权力分为立法权、行政权与司法权，三权分工、相互独立、相互制衡（如右图所示）。孟德斯鸠在其著作《论法的精神》里，主张必须建立三权分立政体，按照立法、行政、司法三权分立的原则组建国家，以防止权力被滥用而形成专制独裁。这一思想在美国制宪者的努力下，成为 1787 年联邦宪法的内容之一。

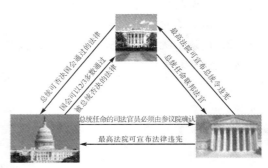

三权分立，相互制衡

三权分立制度的历史发展

1789 年 3 月 4 日，美国第一届国会宣布《美利坚合众国宪法》正式生效，随即根据这部宪法所确立的三权分立原则，在美国联邦政府中建立起立法机构、行政机构和司法机构。自从这种"三权分立""相互制衡"的政府组织形式在当年被固定下来以后，沿用至今。200 多年来，尽管这部宪法所确立的分权制度和分权原则只字未改，然而这三个政府部门的权力范围和它们之间的关系实际上已有了很大的变化。

三权分立的优势

从三权分立的目的来看，无论是对于该理论的创始人还是运用该理论的国家来讲，三权分立就是为了制约当权者，防止

孟德斯鸠

权力被滥用，防止某一国家机关或者个人的独裁和专制，从而保证国家政治上的稳定。孟德斯鸠认为："一切有权力的人都容易滥用权力，这是一条万古不易的经验。""如果由同一个人或者是由重要人物、贵族或平民组成的同一个机关行使这三种权力，即制定法律权、执行公共决议权和制裁私人犯罪或争讼权，则一切便都完了。"而制约当权者的终极目的是保障人民的权利。

从三权分立的内容来看，在英国资产阶级与封建贵族分享政权的事实已成为历史以后，按分权理论建立的资本主义国家机关，都根据国家权力的表现形式将其分为立法、行政、司法机关，这三种国家机关分别行使不同的国家权力，并存在相互制约关系。在资本主义国家里，资产阶级掌握国家政权，行使国家权力，很难说这三种权力是分立的，就连代表的代议机关实际上也是有产者的论坛和表决器。但是现代资本主义国家的三权分立仍然是资产阶级维护其整体利益，保证国家权力有效、正常运行的主要模式。

从三权分立的功能来看，在国家生活中，它大体发挥了以下几种功能：

（1）区分功能。现代美国宪法学家柯尔文曾把三权分立总结为四个要点：①政府有立法、行政、司法三种固有的独特的职能；②这些独特的职能应由三个分别配备人员的政府部门各自行使；③三个部门在宪法上应该是平等的、互相独立的；④立法部门不能把权力委托给他人。此种说明为许多学者所接受，特别是在美国，这个说明具有一定的权威性。大多数国家在实践上都有立法、行政、司法三种国家机关的设置，使得国家职能得到合理的区分和实现，这的确是有目共睹的。

（2）平衡功能。国家权力在区分的前提下，根据其职能配置不同的权力机制，使得它们中的任何一个部门的权力都是有限的，不致使某一部门因权力过大而导致权力运行失衡。

（3）制约功能。立法、行政、司法职能的差异，机构的分离，职权的划分，相互间权力运行的牵制，使得三种权力能够做到有效的相互制约。

（4）补救功能。当三种机关中的某一机关在行使权力不当招致社会不满时，其他的机关可以行使相应权力，挽回影响和损失，从而维护国家的整体利益。

对三权分立制度的审视

三权分立原则是伴随着资产阶级限制君权的要求而确立的，经几百年的发展已日臻完善。它通过权力之间的平衡和制约，使执政党和政府处于监控之下，从而实现对各项权力的有效控制和监督，在一定程度上杜绝了权力的滥用和异化，起到了预防腐败的作用。西方的三权分立原则是西方一些国家政治制度的重要组成部分，是维系国家机器正常运转的必不可少的工具。而行政是国家意志的执行，监督就是行政之外的一种权力制衡。

"三权分立"是西方民主制度的主要特色，但它们在各个国家的具体表现形式是不一样的。从各国政治制度的具体形式来看，西方民主制度可以根据不同的标准分为很多种情况。

选举美国总统

在美国的大选中，总统并不直接由选民选出，而是先由选民选出选举人团，再由选举人团选出总统。各州选举人的名额等于该州参议员和众议员人数之和。由于美国各州都有两名参议员和至少一名众议员，因此，每个州至少有三名选举人。人口多的州众议员人数更多，因而选举人名额也多。例如加利福尼亚州 54 人、佛罗里达州 25 人。同时，按照成文的规定和不成文的惯例，如果一位总统候选人在某个州获得大多数选民的支持，该州推出的选举人便需全部投票给这位候选人。最后由获得全国半数以上选举人票的候选人当选总统。这就是美国特有的总统选举制度。

这种奇特的大选制度的形成，有很多历史的原因，但设计这套制度的一个很重要的考虑，就是要保护小州的利益，使小州选民的意见得以充分地表达。如果以候选人在全国所得总票数来决定总统，像罗德岛和阿拉斯加这样的人口小州，在大选中的分量就会变得非常轻，而按照现在的制度，这些小州可以获得三张选举人票，从而增大了他们的影响力。

正是因为这样，在美国的制度设计中，很重视保护小州的利益。有许多联邦事务，是由各州平等投票决定的，小州和大州拥有平等的发言权。例如在参议院中，各个州不管大州还是小州都有两名代表。总统大选的"选举人制度"，也是为此而设立的。

民主制度有两个重要的原则：一个是尊重多数原则，另一个是保护少数原则。这两个原则具有同等重要的意义。前者是很多人都理解的，后者却很容易被一些人忽视。在美国的政治制度中，这两个原则至少在理论上都得到了比较充分的贯彻。美国的众、参两院的组成结构，就是这两个原则的体现。体现在总统大选上，就是现在的"选举人制度"。

美国总统选举每四年举行一次。总统选举的程序分为预选、党的全国代表大会、总统候选人竞选、全国选民投票选出总统

"选举人"、"选举人"成立选举人团正式选举总统 6 个阶段，整个程序需耗费近一年的时间。预选是美国总统选举的第一阶段，被视为美国大选的前奏。该阶段通常于大选年的 2 月开始，至 6 月结束。预选结束后，民主、共和两大政党将分别召开全国代表大会。会议的主要任务是最终确定本党总统、副总统候选人，并讨论通过总统竞选纲领。全国代表大会召开以后，两党就正式摆开了对抗性的竞选阵势。此后竞选费用的使用就要被全部纳入联邦选举委员会的监督。正式总统候选人在全国各地穿梭演讲，助选的人则暗暗使劲，在各种媒体和场合为其加油鼓劲，摇旗呐喊。最后，11 月的第一个星期一过以后，第二天（星期二）便是全国大选日。各地民众到当地的投票站，为选总统也为地方上和自己直接或间接有关的事务投下自己的庄严的一票。直至当选总统于次年 1 月 20 日在总统就职典礼上宣誓就职，总统选举过程才最终结束。

2008 年美国总统候选人花费了 10 亿美元搞竞选，对于穷人来说这是玩不起的游戏。美国总统选举制度，不仅是世界上最昂贵的，也是最复杂的。有人说这套精心设计的复杂选举制度维持了美国民主制度的稳定。为什么要这么复杂呢？美国选举制度的设计者们最重要的考虑就是避免民众的直接选举，但又要做出选举的样子。美国是一个资本主义国家，但有钱的毕竟是少数人，如果让数量占多数的平民直接选举，最后很可能变成富人被淘汰，大众政治代表登上政治舞台，有钱有势的群体也就很可能失去在政治斗争中的发言权。

总统选举投票结束不久，通常就有民意调查机构或媒体在投票站出口对投票者进行调查，大多数民意调查与最终选举结果吻合。出口民意调查以其时效和准确度获得了各大媒体的青睐。民意调查机构派出的访问员将出现在全美 1 300 多个投票站前，调查取样选民将超过 10 万人。为避免偏见，访问员根据投票站人数多少，选择从每 5 个选民或每 10 个选民中挑选一人询问。访问员将记录下他们的年龄、种族、性别和其他特征，以供专家分析他们的投票意向。

美国联邦主义

联邦主义是一种一组成员联合在一起并有一个最高级治理机构的政治哲学，是国家政府与地区政府分享宪政上的主权以及拥有不同事项的管辖权的政治体系。

联邦主义（Federalism）既是一种观念又是一种制度。作为观念形态的联邦主义主张建立统一的国家，强调一定程度的权力集中，实际上是一种特殊形态的民族主义，其目的是建立统一的民族国家。作为国家政治组织形式的联邦主义制度是指政治上介于中央集权和松散的邦联之间的一种制度。在联邦制度下，原先的内政、外交上自主的各邦被融合在统一的联邦国家中。

美国、加拿大、澳大利亚、印度、德国和瑞士都被认为是联邦制政体，而英国、法国、意大利和瑞典则不是联邦制国家。

在美国，共有 87 000 多个独立的各级政府机构，其中超过 60 000 个政府机构有自己独立的征税权。美国有州、县、自治市（镇、区、乡）、学区和特别行政区等政府机构。然而，只有联邦政府和州政府是宪法确认的；所有的地方政府都是州政府的下级分支机构，州政府有权通过修改州的宪法和法律来设立、变更或撤销这些地方政府。

25

第二节　美国的政府概况

美国有超过 87 000 个政府机构。

为什么要设立州政府和地方政府？为什么不实行中央集权的政体，通过全国的选举使单一的政府对大多数人负责？因为联邦主义有如下优点：

美国国家的创立者懂得"共和政体的原则"本身——定期选举、代议制政府、政治平等，并不能充分保护个人的自由权利。这些原则可能会使统治精英对大众关心的问题更有回应性，但是不能够保护少数人或个体以及"弱势群体或易受伤害的个人"的自由和财产不受政府的剥夺。

处于立宪时代的美国，被夹在"又大又冷"的加拿大和"又大又穷"的墨西哥之间，没有近在咫尺的外患，忙于革命的西欧则远隔重洋，不存在对自己觊觎已久的大敌，因此在建设宪政国家的过程中，其受到的外界阻力并不大，如果和法、德等后发宪政国家相比，所受阻力更是相当微小。处于一个新生大陆上的美国完全可以轻装上阵，建设一个"自由发展的市民社会"。这样，经过一段时间的孕育，这一观念终于被载入《权利法案》。在《联邦宪法的第十修正案》中规定：没有授予联邦的权力一律归各州和人民所有。联邦的权力成为授予而非限制的权力，各州的权力则是限制而并非授予的权力。这样，联邦的权力在未被授予时被假定为无效，而各州的权力则要受到联邦和州宪法的限制，在不能确定公权力边界时，美国人审慎地选择了最大化公民权。这样既防止了政府施行暴政的可能，又为随后的制度创新创造了条件。

联邦主义的理论范式是一种处理国家间关系、国家内中央政府与地方政府之间关系的重要政治理念与原则，它主要体现为政治联邦主义与财政联邦主义。其中，政治联邦主义又体现为英国的社会联邦主义、德国的行政联邦主义、美国的宪政联邦主义和苏联的民族联邦主义。

美国联邦主义主题的变化：

（1）以州为中心的联邦主义；

（2）双重性的联邦主义；

（3）合作关系的联邦主义；

（4）中央集权的联邦主义；

（5）新型联邦主义；

（6）强制性联邦主义；

（7）代议制的联邦主义；

（8）联邦的优先权；

（9）联邦委托管理；

（10）"没有经费"的联邦委托。

《美国宪法》的起草者们在确立美国联邦制度的框架时，就已设计出构成整个美国政治发展结构的计划，这个计划现在已被其他国家广泛模仿。但当时一切都只是设想，他们尚不清楚新制度将向何处发展，也没有先例可循，他们只好去创新。怎样才能创造出一个将由 13 个独立的、各自为政的州组成的真正的国家，而又避免相互产生恐惧和猜忌呢？联邦主义就是他们的答案。

第三节　美国的政策模型

用于政策分析的模型

模型是对现实世界某个方面进行简化表现的形式。政策研究模型可运用于简化并澄清我们对政治和公共政策的思考；识别政策问题的重要方面；通过关注政治生活的主要特征，促进我们相互之间的沟通；指导我们更好地理解公共政策，鉴别重要与不重要的方面；解释公共政策并预测其结果。这些模型有：

（1）制度主义模型；

（2）过程模型；

（3）理性主义模型；

（4）渐进主义模型；

（5）团体理论模型；

（6）精英模型；

（7）公共选择模型；

（8）博弈论模型。

上述每个术语都是一种概念模型，这些模型在政治学中都能找到，每个模型都提供了独特的思考公共政策的视角，解释公共政策出台的原因和所导致的结果。

制度主义模型：政策是制度的输出。政府制度赋予公共政策三个显著的特征：①公共政策的合法性。政府制定的政策被认为是法律义务，公民必须服从。人们认为公司、教会、行业组织、公民团体及社会中其他组织的政策非常重要，甚至具有约束力。但是只有政府的政策是法定义务。②公共政策的普遍性。只有政府的政策才能影响到社会中的所有人，而其他团体或组织的政策仅仅涉及社会中的一部分人。③公共政策的强制性。政府垄断了社会的强制力。

过程模型：政策是政治活动。过程模型对于公共政策制定过程中的活动是有帮助的。政策制定过程包括：议程设定；政策形成；政策合法化；政策执行；政策评估。

理性主义模型：政策的目标是社会效益最大化。有两个重要原则可以保证政策的社会效益最大化：①任何成本超过收益的政策，都不应该被采纳。②在所有可供选择的政策中，决策者应该选择收益超过成本最多的政策方案。

渐进主义模型：政策是过去政策的补充和修正。渐进主义把公共政策视为政府过去行为（活动）的延续，其中伴随着渐进的调整与修正。政府采用渐进主义的做法，是因为：①政府没有足够的时间、信息和金钱来调查能够替代现行政策的政策方案。②决策者承认以往的政策的合法性，而全新的或完全不同的政策的结果存在着不确定性。③更改现行的政策项目可能需要巨大的投入，这也阻碍政策的变革。④渐进主义也是政治上的权宜之计。在对社会目标或价值达成共识之前，多元化的社会的政府会延续现行的政策，而不会为了实现特定的社会目标而彻底推翻现行政策。

团体理论模型：政策是团体利益的平衡。团体理论即团体之间的互动是政治的基本事实。具有共同利益的个体，会以正式或非正式的形式联合起来向政府提出要求。政治体系包括确立团体斗争的游戏规则；制定折中的策略，平衡各方利益；以公共政策的方式制定妥协的方法；推动政策的实施。

精英模型：政策是精英的价值偏好的体现。社会被分为掌握权力的少数人（精英）和没有权力的多数人；这些居于统治

地位的精英并不是处于被统治地位的大众的代表；从被统治的
非精英阶层上升到处于统治地位的精英阶层的过程是缓慢的、
持续的，从而确保社会稳定并避免革命的发生；精英阶层对社
会制度的基本价值观以及如何维护这一社会制度的发展会达成
共识；公共政策并不反映大众的需求，而只反映精英们的主导
价值观；精英对待政策的态度是积极的，而大众则是冷漠和麻
木的。

公共选择模型：政策是自利的个人的群体选择。不论是在
政治中还是在市场中，人们都是追求自我利益的。但即使都出
于自利的动机，他们也能够通过集体决策来实现共同利益。

经济人：理论假设自利的个体追求个人经济利益的最大化。

政治人：理论假设具有公益精神的个体追求社会福利的最
大化。

博弈论模型：政策是竞争状态下的理性选择。博弈论模型
是对特定情境中理性选择的研究，即两个或两个以上的理性参
与者进行选择，而且自己选择的结果还取决于其他人所做出的
选择。

内容回顾：

本章概述美国的政治体制及其政府概况，系统地提出用于
政策分析的模型，主要包括制度主义模型、过程模型、理性主
义模型、渐进主义模型、团体理论模型、精英理论模型、公共
选择理论模型、博弈理论模型。这八个政策模型对于描述和解
释公共政策具有重要作用。

学习本章，应重点掌握下列几个知识点：三权分立制度、
美国总统选举、美国联邦主义、八个政策模型的相关释义。

复习思考题：

一、选择题

1. 在政策研究中运用的模型是（　　）。
   - A. 流程模型
   - B. 概念性模型
   - C. 简化模型
   - D. 实体模型

2. 任何成本超过收益的政策，都不应该被采纳。在所有可供选择的政策中，决策者应该选择那个收益超过成本最多的政策方案。它属于（　　）。
   - A. 制度主义：政策是制度的输出
   - B. 理性主义：政策是社会效益的最大化
   - C. 渐进主义：政策是过去政策的补充和修正
   - D. 团体理论：政策是团体利益的平衡

3. 下列（　　）项不属于政府制度赋予公共政策的特征。
   - A. 公共政策的合法性
   - B. 公共政策的普遍性
   - C. 公共政策的强制性
   - D. 公共政策的服从性

4. 政策制定是保守的，它以现行的项目、政策和支出为基础，只是把注意力集中于新的项目和政策对现行项目与政策的增加、减少或修正。它属于（　　）。
   - A. 过程模型：政策是政治活动
   - B. 精英理论：政策是精英的价值偏好
   - C. 渐进主义：政策是过去政策的补充和修正
   - D. 公共选择理论：政策是自利个人的群体选择

5. 美国总统选举预选结束后，民主党、共和党两党将分别召开全国代表大会，会议的主要任务不包括下列（　　）项。
   - A. 最终确定本党总统候选人
   - B. 最终确定本党副总统候选人
   - C. 讨论通过总统竞选纲领

D. 投票选出总统"选举人"

D. 博弈理论：政策是竞争状态下的理性选择

答案：1. B   2. B   3. D   4. C   5. D

二、思考题

1. 列举政策概念模型。

2. 简要阐述美国总统竞选流程。

第三章
美国的刑事司法

第一节　美国的刑事问题

犯罪是任何社会都会面临的一个重大问题。与犯罪做斗争的理性策略主要是威慑。威慑的目标是，使犯罪行为的成本远远大于潜在的犯罪分子试图从其行为中得到的任何收益。由于对这些高额成本的预先认知，具有理性的个体将受到威慑而不敢实施犯罪行为。总之，犯罪是美国社会的一个主要问题。在保护个人自由与保证人民安全的愿望之间存在着冲突。

在美国，州政府和地方政府承担执行法律的主要职责。联邦政府的主要执法机构——联邦调查局和司法部的禁毒署/药品强制管理局（Drug Enforcement Administration，简称 DEA）以及财政部的烟酒枪支管理局（Bureau of Alcohol，Tobacco，and Firearms，简称 ATF）负责执行联邦政府的法律。虽然联邦政府在执行法律中的作用越来越大，但州政府和地方政府仍然承担着维护治安、司法体系、监禁和假释的主要责任。

警察在社会中至少履行三方面的职能：执行法律、维护秩序、提供服务。实际上，执行法律的职能只占了警察日常活动的一小部分。警察与其说是执行法律的角色，还不如说是维护秩序的主要力量。他们行使逮捕权的概率比法律规定的小。与逮捕嫌疑人相比，警察更倾向于首先恢复秩序。他们的大多数活动是"反应性的"，另一个策略则是"主动出击"。但是这种"社区安保"的成本是高昂的。

在美国，犯罪的频率受到理性的刑事司法政策的影响：当威慑无效时，犯罪就发生得更加频繁；而当实施更加严厉的威慑政策时，犯罪率就会下降。

惩罚缺少确定性：对严重违法行为必然受到惩罚的可靠估算表明，只有很少的罪犯会被判处监禁。每年大约有1 200万件严重犯罪案件报警，但实际只有170万人被逮捕。因此，即使惩罚能够制止犯罪，目前的刑事司法体制也不能确保对所有犯罪的惩罚。

惩罚缺少及时性：保释制度以及审判的推迟，使得刑事被告人因长期、无限的拖延而逃脱了对他们的行为承担责任。而且，法院系统的工作效率极低，而这种拖延对刑事被告人却是有利的。所以，刑罚的低效率破坏了威慑的效果，因此，犯罪便更加频繁。

惩罚严厉性的问题：司法政策的变革引起的结果是，极大地增加了暴力犯罪的服刑时间。这类犯罪的平均服刑时间自1990年以来增加了一倍，服刑判决的比例也从低于50%提高到了80%以上，效果显著。

惩治犯罪的理性政策是：力求使犯罪的成本远远超过犯罪行为带来的收益，并且理论上能够威慑潜在的犯罪分子。有效的威慑政策对犯罪的惩罚必须是确定的、及时的、严厉的。确定性和及时性对于威慑效果来说，可能比惩罚的严厉性更为重要。

对青少年群体不适合采用威慑的措施。孩子们对他们自己的行为无法承担个人责任，因为他们还不具备理解自身行为的性质、后果以及判断是非的能力。其中13%被控有暴力犯罪的青少年被移送到成年人法院；16%被送到了青少年拘留中心；其余71%中，有的被释放，有的被留下查看，有的给予缓刑，还有的被送回家由其父母监护。

联邦政府的职责被限定在执行范围相对小的联邦刑事法律，涉及的犯罪包括制造和贩卖假钞；逃避包含烟、酒、枪支等在内的税收；欺诈和挪用；抢劫或盗窃联邦保险资金，包括抢劫银行；跨州的刑事案件；谋杀或袭击联邦官员；违反联邦毒品管理法律等。

非严重犯罪：毒品、卖淫、性犯罪、赌博、醉酒驾车和违禁液体制剂等。

第二节　多样化的联邦刑事司法机构

美国中央情报局是美国最大的情报机构，其主要任务是公开和秘密地收集和分析关于国外政府、公司、恐怖组织、个人、政治、文化、科技等方面的情报，协调其他国内情报机构的活动，并把这些情报送到美国政府各个部门。它也负责维持大量军事设备，这些设备在"冷战"期间用于推翻外国政府，例如苏联、危地马拉的阿本斯、智利的阿连德等对美国利益构成威胁的反对者。美国中央情报局总部设在弗吉尼亚州的兰利市。美国中央情报局的地位和功能相当于英国的军情六处、苏联的克格勃和以色列的摩萨德。在美国情报体系中，它是唯一一个独立的情报部门。

（Central Intelligence Agency，简称 CIA）
美国中央情报局标志

除中央情报局（CIA）外，美国还有大量其他专业的独立政府机构，如国家安全部。

（National Security Agency，简称 NSA）
国家安全部标志

国家安全部包括：

运输安全局（Transportation Security Administration，简称 TSA）；

移民和海关执行局（Immigration and Customs Enforcement，简称 ICE）；

移民和规划局（Immigration and Naturalization Service，简称 INS）；

海关总署（Customs Service）；

边境巡逻队（Border Patrol）；

海岸警卫队（Coast Guard）。

35

第三节　美国的枪支管理

枪是一种能很容易地对人体造成极大的伤害甚至导致死亡结果的强力杀伤性武器，一般来说是不会出现在普通人手中的东西，但是在美国，公民持枪却是一件再平常不过的事。美国是世界上第一个同时也是至今为止唯一的一个公民拥有普遍持枪权利的国家。众所周知，在美国，持有枪支是合理合法的，可以说在美国每 10 人就有 9 人持有或收藏着枪支。然而美国民间对枪支的购买需求却仍然旺盛，枪支对美国人来说简直如同日常的家具用品一样普通。

在美国，一个人持有枪支是一件稀松平常的事，那是因为在他们数百年的历史中，枪支一直占据着一个相当重要的部分，以至于渐渐演变成了一种文化。当然，枪支的危险性并不会因为这个就变小。而且，美国公民持有枪支必然会受到美国法律的制约，那就是《美国枪械管理法》。

第一批乘坐"五月花号"到达北美大陆的欧洲移民正是依靠武器才得以在这片土地上落地生根，在猛兽和印第安土著的包围中，武器成为每个移民安身立命的工具。此后，北美13州逐渐成形，因为没有常备政府军队，各州都依靠民兵进行自我防卫，州政府也逐渐介入武器管理中，部分州政府甚至会对没有武器的居民进行处罚。

之后，随着独立战争的打响，民兵的影响力进一步扩大，因为正是这些拥有武器的平民和英国军队作战8年，并成功赢得独立战争。建国后，当1789年美国宪法的《权利法案》由国会议员提出时，"持有和携带武器"的权利被自然而然地写入其中，并于1791年被批准正式生效。为了限制强势政府，防止政府权力膨胀进而侵犯公民权利，赋予公民合法反抗的武器，也是这条法案重要的内在精神。

这一点在1791年12月15日被批准的美国《权利法案》的一部分——《美国宪法第二修正案》中获得了充分的肯定：

A well regulated Militia being necessary to the security of a free State, the right of the people to keep and bear Arms shall not be infringed.

（译文：训练优良的民兵对自由国度的安全是必要的，因此，人民持有并携带武器的权利不可侵犯。）

在美国，持枪是公民的权利，但是枪支本身作为一种具有极大杀伤力的武器，政府不可能不对其持有和使用加以管理，于是枪械管理法就在这样的背景下诞生了。但是在《美国宪法第二修正案》之下，衍生出了其他法律体系以保护美国公民的持枪权利。美国联邦枪械管理法的发展，是逐步严格起来的。并且由于美国采用联邦制，合众国的各州拥有相当大的自由，因此各州的枪械管理法律，形形色色，是相当不容易搞清楚的。其中就包括了像《国家枪械法案》《枪械管理法案》《枪主保护法》《罪案防治法案》《布雷迪手枪暴力防制法》等大量法规。

与之相反的是，美国的枪支暴力问题仍然处于一个相当棘手的状态。

可以合法拥有并不表示可以随意购买枪支，《布雷迪法案》就是制约公民随意购买枪支的法案。詹姆斯·S.布雷迪——里根总统的新闻秘书，在里根总统遇刺时受到重伤，之后在该限制枪支购买法案未获通过时表示坚决拥护该法案，后来该法案终于通过，故以他的名字命名为《布雷迪法案》。《布雷迪法案》规定，公民如需购买枪支，必须提前五天向警察局提供一份申请表，在这五天里警方将查询其是否有犯罪记录，是否为重罪犯、逃亡者、吸毒者或是精神病人。

美国现行的枪械管理法都基于《美国宪法第二修正案》即"人民持有并携带武器的权利不可侵犯"而制定的。但由于美国实行联邦制度，每个州的法案都会有细微的差别，比如是否允许购买手枪、是否需要枪支登记、是否需要申请购枪证、是否发放隐匿持枪证等。

在美国，要正式申请一张持枪证不容易，需要到警察局填写申请表、缴验相关证件、提供至少3名美国公民的担保信。此外，还要核对存档指纹、接受警察面谈、经过联邦调查局审查，经证实确实没有犯罪前科，不会对社会产生危害，才能获得持枪证。

同时，购买枪支也是需要一定的条件的，例如：美国公民或移民签证/绿卡持有者可以购买枪支。非移民签证（学生签证、商务签证、工作签证等）持有者不可以购买枪支。犯有重罪或某些轻罪、逃犯、非法毒品使用者、精神有问题者、非法移民、放弃美国公民身份的人、被开除军籍的军人、未成年人、受人身限制令限制者、犯有家庭暴力罪者以及受到刑事起诉面临一年以上刑期的人不允许接受、运送、发运枪支和弹药。年满 21 岁可以购买手枪,年满 18 岁可以购买长枪(步枪和霰弹枪)。私人之间不可以跨州买卖枪支,必须通过有执照的销售商购买。个人可以通过网络订购枪支,但必须从本州有执照的销售商处取货。

申请正规持枪执照且取得枪支的程序非常烦琐,因此那些不愿意通过正常程序或者申请执照比较困难的人就设法通过其他"快捷方式"获得枪支。一般来说,参观枪展只需要买一张 10 美元的门票就可以进入。一般的枪展有逾千个展台,来自世界各地的枪支任你选择,价格从几十美元到上千美元。购枪者只要出示驾驶执照,就可以购到枪支,就像在农贸市场买菜一样方便。同时,在网络通信技术高度发达的今天,网上购买也成了美国人获得枪支的重要途径,是现在许多美国人青睐的购枪方式,对那些不愿或难以通过正常程序获得持枪执照的人来说,网上枪店提供了不少"方便"。2011 年 12 月 14 日,纽约市市长迈克尔·布隆伯格称,一项调查显示,美国近 2/3 的私营网络枪支销售商在进行交易时,愿意将枪支卖给没有经过背景检查的买家。

目前美国是世界上私人拥有枪支最多的国家,平均每 10 人拥有 9 把枪。美国国际问题研究所报告说,世界上已注册的枪支总量为 8.75 亿支,其中约 6 亿支为民间所有。美国民间拥有枪支数量为 2.7 亿支,几乎平均"人手一枪"。世界上每年生产约 800 万支枪,其中 450 万支被美国人买走。另外,世界各国枪主在其主管部门登记的枪支比例仅占 12%,也就是说,很有可能有更为大量的"黑枪"在美国销售。如此简单的枪械购买方法无可避免地导致了枪械在美国的泛滥和滥用,对美国的社会治安造成了极其恶劣的影响。例如美国历届总统所遭到的刺杀。据说林肯总统在被枪手约翰·威尔克斯·布斯用一把 0.44 口径手枪发射的一颗子弹击中头部后,仅活了几小时,而那把手枪在当时只需要十几美元就能买到。

由于民众普遍持枪,美国枪击案频发,特别是近期,枪击事件呈急速抬头态势。在美国 10 100 起被确认使用枪支的凶杀案中，75%使用的是手枪，4%使用的是步枪、5%使用的是霰弹枪，剩下的是使用其他类型枪支。由于枪支本身具有致命的能力，故不管受害者或施害者携枪，都会导致伤亡概率大大增加。

暴力防治与应付暴力的教育计划已广泛地在全美各地学校与社区里建立。这些计划旨在改变孩童与父母双方的个人行为，以鼓励孩子远离枪支、确保家长安全地保管枪支、鼓励小孩不以诉诸暴力的方式解决争端。防治计划的目标在于改变人的行为，其范围从被动（个人并不需要出力）到主动（如监督儿童或者将枪用扳机上锁）皆有。对社会大众的要求越多，防治策略的实现就越困难，着重于改变政局环境及枪支本身的防治策略可能更为有效。

第四节　美国的反毒品运动

美国是一个崇尚和迷信药物的社会，"药品文化"深入人心。在美国，以药养身、以药健身不仅是百姓热衷的养身之道，更是有钱人追求的时尚生活。虽说美国的有关法律规定，必须持有医生的处方才可以到药店买药，但实际上，在美国几乎所有的大型超级市场上都设有药品专架，顾客无须向任何人做任何咨询便可以随心所欲地选择各种常用药物（当然不包括毒品）。因此有人说，美国是一个药品充斥的国家。美国有线新闻网 1996 年进行的一项调查表明，美国有 60%~80%的成年人因工作劳累等原因，经常出现背部酸痛的感觉，其中有 55%以上的人习惯于服用大麻等药物来消除疼痛。设在亚特兰大的全美少年毒品防治中心 1997 年 6 月就青少年对药品的态度进行了一项抽样调查。当问到"当你感到疲劳、乏力等身体不适时，你将选择何种方式消除？"时，回答中有 38.7%的人说"服药"。由此可见，"药品文化"使许多美国人尤其是青少年丧失了对药物的必要的警惕，形成了依赖药物的倾向，这无疑为毒品走进人们的日常生活提供了充分的机会。更为严重的是，在美国，许多州的法律视大麻为一般性药物而并非毒品，规定个人吸食大麻并不违法。而事实上，从药理学的角度看，大麻与可卡因、海洛因等毒品只是药性强度上的差异，并没有本质上的不同。这一规定实际上为吸毒敞开了大门。

据联合国麻醉品管制署 1998 年 6 月提供的统计数字，美国市场上每年销售掉的毒品数量占全世界毒品贸易总额的 33.4%，仅大麻、可卡因、海洛因这三种毒品的年销量就高达 1.6 万吨，销售额为 1 000 亿美元以上。美国至今仍然保持着拥有吸毒人口最多的世界记录。美国联邦政府《全国家庭滥用药物调查报告》提供的数字表明，一生当中至少使用过一次毒品的美国人为 7 200 万人，约占全国总人口的 1/3；每周至少使用一次毒品的美国人为 221 万人，也就是说，在不到 100 个美国人当中就有一个吸毒成瘾者。美国人每年用于购买毒品的开销总额高达 500 亿美元以上。

青年吸毒现象回潮

自 20 世纪 60 年代嬉皮士运动将毒品推向美国社会的各个角落以来，青年吸毒者在吸毒群体中所占的比例一直是最高的。美国《哥伦比亚时代报》1996 年 3 月的一项调查显示，1991—1995 年期间，美国 20～30 岁的青年吸毒者人数增加了 89%，从占人口总数的 0.44% 上升到了 0.8%。20 世纪 90 年代以来，美国青年成长的社会环境不断恶化，是导致吸毒现象回潮的主要原因。这一代青年人成长于债务危机、家庭破裂、种族关系紧张、环境恶化的 70～80 年代，他们当中有 40% 以上的人是在破碎的家庭中长大的，是美国第一代"胸前挂钥匙的儿童"。他们也是美国学校教育水平下降的受害者。当这一代人走出校门加入劳动大军的时候，又正值经济衰退和美国历史上规模最大的企业裁员时期。90 年代以来，美国有大批中青年中层管理人员和工程师被解雇。1997 年 2 月《华盛顿邮报》报道，60～70 年代出生的一代职工，年过 40 岁就面临被解雇的威胁。由此可见，目前美国青年吸毒现象的回潮的确不是偶然现象，而是与目前美国的社会经济情况密切相关的。

吸毒低龄化趋势迅速发展

吸毒人口趋向低龄化是美国吸毒问题的又一引人注目的新特点。《哥伦比亚时代报》1996 年 3 月进行的调查表明，1991—1995 年期间，14～18 岁的美国青少年吸毒人数不断增多，五年中增长了 100%。1992 年，中学毕业生中有 32.6% 的人至少吸过一次大麻，而到 1995 年这个数字则上升到了 41.7%。另根据美国全国家长禁毒委员会对高中毕业生（17～18 岁）所做的调查，1995—1996 学年，有 29.5% 的学生吸毒，而在 1987—1988 学年，这个数字仅为 18.6%，8 年内吸毒的学生增长了 58.6%。导致美国吸毒问题低龄化的原因主要有两点：第一，近年来社会对校园毒品问题的重视程度有所下降。由于美国没有对青少年的毒品犯罪规定刑事责任，贩毒分子便利用这一点，常常高价雇佣青少年为他们贩毒。全国性周报《高教纪事报》对全美 831 所学生人数超过 5 000 人的大学所做的调查表明，校园中因生产、使用和销售毒品而被捕的案件增加了 23%，从 1993 年的 4 993 起增加到了 1994 年的 6 138 起。第二，美国 40～45 岁年龄段的中年家长们对毒品问题的态度有所转变，主要表现为他们中的相当一部分人对自己的子女接近或尝试毒品普遍存在一种容忍态度，导致孩子们缺乏对毒品的警惕性。总部设在洛杉矶的全美合作禁毒委员会对洛杉矶 70 所学校近 6 000 名中学生的抽样调查显示，40% 的洛杉矶学生相信每个人都可以尝试毒品；45% 的学生表示他们将来有可能会尝试毒品。该委员会主席詹姆斯·布克认为："由于这种态度将会导致实际行动，不久的将来会有更多的年轻人加入吸毒者行列。"

毒品合法化呼声渐高

毒品合法化之争在美国由来已久，早在 20 世纪 60 年代，美国嬉皮士运动提出的主要口号之一就是"吸大麻"。但随着毒品所带来的后遗症逐渐显露出来，加之里根政府的强硬的禁毒措施，使得合法化的呼声在80年代末期逐渐小了下去。60年代嬉皮士运动提出使毒品合法化，其目的是鼓励人们"享受毒品带来的乐趣"。目前在美国社会出现的毒品合法化的主张虽然也包含允许人们自由使用毒品的含义，但是，其目的是要"以毒攻毒"，即通过解禁毒品来控制毒品。90年代初以来逐渐加强的这种毒品合法化声浪在美国社会引起了一定的共鸣。随着毒品在全世界的迅速蔓延和禁毒难度的不断加大，赞同毒品合法化的人数还会有所增加。特别是在大麻解禁的问题上，解禁派的看法开始被越来越多的美国人接受，司法机关的态度也有了较大的松动。目前，美国已有十几个州规定个人吸大麻为合法，私藏大麻只是一种道德不端行为，而不是犯罪行为。

美国与世界主要毒品产地如哥伦比亚、秘鲁和玻利维亚只有一海之隔。作为邻国的墨西哥和哥伦比亚是全世界大麻和海洛因的主要产地之一。毒品经济在这些国家的国民经济中占有相当大的比例。靠近毒品主要产地这一特殊的地理位置，客观上决定了美国毒品的来源极为丰富。

目前，美国毒品犯罪逐年增多，禁毒迫在眉睫。而美国毒品主要来自墨西哥，因为墨西哥与美国接壤，两国边界长达3 000多千米，长期都是毒品、违禁品及非法入境者进入美国的一个主要途径。在20世纪80年代及90年代早期，哥伦比亚的巴勃罗·埃斯科瓦尔是可卡因的主要出口者，与世界各地有组织犯罪网络有往来。当美国在南佛罗里达及加勒比海地区的禁毒执法力度加强后，哥伦比亚毒贩与墨西哥毒贩合作，把可卡因经墨西哥运入美国。

墨西哥早已是海洛因及大麻进入美国的主要来源地，墨西哥毒贩早已建立起配套系统，哥伦比亚毒贩的计划很容易就能实现。到20世纪80年代中期，墨西哥毒贩已经成为哥伦比亚可卡因的可靠运输者。初期墨西哥人主要通过从中收取运输费牟利，到80年代后期，墨西哥人与哥伦比亚人改为以买卖方式结算。此种安排使墨西哥毒贩除了运输毒品外，也参与毒品分销，使他们的队伍更为壮大，甚至干起从哥伦比亚贩运可卡因到世界各地的勾当。

现如今，这位美国的"好邻居"给美国带来了严峻的挑战。有关材料显示，虽然美国人服用毒品的总数量明显低于二三十年前的水平，但是毒品的使用者却呈现上升趋势。禁毒成为美国迫在眉睫要做的事情。

1914 年，《哈里森麻醉品法》诞生，标志着美国历史上有了第一部联邦毒品控制法案。该法涉及海洛因、吗啡和可卡因等毒品，在美国生产、销售和拥有海洛因是触犯联邦法律的犯罪行为。

1970 年，国会通过了《毒品滥用和控制综合法》。这是尼克松政府出台的第一部反毒法案。该法的出台，在美国毒品控制史上有着重要的历史意义。

1988 年，国会通过了一系列法案，通称为《1988 年反对毒品滥用法》。

美国早期的反毒政策就其功能而言应该是比较成功的。在资金和人员投入都非常有限的情况下，联邦麻醉品局控制了毒品蔓延的势头，并使吸毒现象有一定程度的下降。但是毒品问题突然又在 20 世纪 60 年代喷涌而出，成了威胁美国社会的一大"癌症"。

美国的禁毒斗争可分为四类：封锁、教育、加强执法和戒毒治疗。

封锁：每年美国禁毒署、海关总署、海岸警卫队及州政府和地方政府都要截获大量的走私毒品船只，但每年进入美国境内的毒品数量依然呈增长趋势。美国使用军事力量支持其他联邦机构也无法达到严守边界、阻截毒品入境的目的。而且美国对拉丁美洲各国政府施加压力，督促其破坏可可种植或协助美国禁止毒品的行为，导致国家间的关系紧张起来。这些都表明阻截毒品在很大程度上是失败的。

教育：近年来，对公众进行关于毒品危险性的教育，已经激发了许多公开的或私下的禁毒运动，范围涉及电视广告、地方警察机构赞助举行的抵制滥用毒品的教育活动。

加强执法：每年有超过 150 万人由于毒品违法而被逮捕，毒品犯罪的囚犯占联邦监狱囚犯总人数的 59%。联邦调查局和州与地方政府的执法机构已经将主要精力用在与毒品的斗争上。

戒毒治疗：在各州发展起来的特殊"禁毒法庭"与转移程序通常给非暴力性的毒品使用者一个选择的机会：接受戒毒治疗或进入监狱。一些吸毒者受益于接受治疗这一过程，但戒毒治疗工作的总体成效是极差的，多数的严重吸毒者接受了不止一次的治疗。

美国各类反毒政策的实施都不能很有成效地减少毒品的使用，仍然还存在着诸多问题。美国反毒政策向来有重执法、轻治疗、轻预防的传统，这不是一种兼顾综合平衡的应对措施。

反毒政策表现出了相当大的延续性。由于毒品问题政治化的原因，导致了政策的僵化。因此，有些观察家提出建议，把毒品合法化，并且由政府监控毒品的生产和交易。但是这种毒品合法化的建议引起了很多美国人的不满，他们认为此法将会导致毒品滥用在全国扩散，破坏整个国家的社会结构。

第五节　美国的监狱与死刑

美国社会犯罪率高，监狱人满为患已是全球公认的事实。由于罪犯越来越多，美国公立监狱日渐陷入资金不足、管理混乱的尴尬局面，虐待囚犯和监狱暴力事件时有发生。每年有超过 1 000 万的美国人被关进拘留所、警察局、青少年教养所或者监狱。绝大多数人在几个小时或几天之内就被释放了。然而，还有超过 140 万的美国人被关在美国的州或联邦政府监狱里。这些囚犯要为他们恶劣的犯罪行为服役。几乎所有的在押囚犯都有犯罪前科，这些人至少要服一年的刑期。另有 70 万人被送进地方的监狱里，要服一年以下的刑期。

然而，在这种情况下，仍然面临许多问题。其一，每年监禁人数不断上升。其二，改造罪犯真的能够实现吗？进去的人大多数是累犯或惯犯，怎能期望他们在经改造后为社会做贡献呢？其三，缓刑对减少罪犯是无效的。虽然人们认为，被判缓刑的人比被监禁的人对社会产生的危害要小，但是研究表明，接近 2/3 的被判缓刑者会再次被捕。其四，假释政策失败。被假释出去的罪犯中有 3/4 的人由于严重的犯罪而再次被捕。

美国实施监狱与改造政策的目的就是惩戒，然而，在这一政策的执行过程中，却出现了严重的问题，而且问题大多没有得到解决。

死刑

在任何国家，被判处死刑的人都是罪大恶极的人。在美国，是否允许使用死刑一直是全国范围内长期激烈争论的话题。美国执行死刑的方式有注射、电椅、毒气室、绞刑、枪决等方式。

一些反对死刑的人认为，它违反了《宪法第八修正案》"不得施加酷刑和非刑"的规定。他们还认为死刑是不平等的，被判死刑的人中有很大部分是贫穷的、没有受过教育的非白色人种。在死刑的实施中存在种族歧视，死刑被认为违反了《宪法第十四修正案》的平等保护条款：只要是杀人犯就应该被判死刑，不管是白人还是黑人。然而，有些统计表明，如果受害者是白人，那么杀人犯被判死刑的可能性比受害者是黑人时的可能性要大得多。

1972 年以前，死刑是由联邦法律和大约一半的州的法律正式批准的。然而，1967—1972 年，实际上没有人被判死刑，主要原因在于法律的混乱及对死刑是否违宪存在争议。

在 1976 年的一系列案件中，包括格雷格诉佐治亚州、普罗菲特诉佛罗里达州、尤里克诉得克萨斯州等案件，最高法院最后坚持认为"死刑并不是必然违宪的"。最高法院支持死刑的理由是：《权利法案》的起草者把死刑作为对犯罪的一种普通制裁。对《宪法第八修正案》中禁止酷刑、非刑的规定一定要做动态的理解，要反映不断变化的道德价值观，这是确实无疑的。

而且，1972年美国超过一半的州的立法机关做出重新对死刑进行立法的决定，以及陪审团根据这些新法律对上百人判处死刑的决定，都表明"美国社会中相当部分的人继续把死刑视为一种适当的、必要的刑事制裁"。

但是美国对不满18岁的罪犯执行死刑直接违反了《公民权利和政治权利国际公约》、《联合国保护儿童权利公约》和《美洲人权公约》等法案。这些禁止性规定被认为是国际宪法性规定，得到了国际社会的广泛认可。它们已经成为国际法的基本原则，其效力高于美国国内的某些特别法律和协定。显然，美国对未成年人执行死刑，是对国际公约的公然挑衅，是对国际法的公然违反。

自从1976年美国恢复死刑以来，有至少34名精神智障者被执行了死刑，占所有被执行死刑人数的6%。心理测试表明，在密西西比州的死囚关押区有27%的死刑犯患有潜在的精神智障。美国司法部1999年7月的报告提到了这样一则可怕的消息：在联邦监狱中有16%的犯人患有精神智障。毋庸置疑，从原则规定上看，美国联邦法律禁止对精神智障者执行死刑，但是这一高标准很少被实际遵守。

美国在20世纪50年代已经废除了种族隔离法，种族歧视问题却一直存在，黑人等少数民族始终是二等公民，在政治、经济、教育等问题上受到不同程度的歧视，司法中的种族歧视也非常严重。具体到适用死刑，对有色人种的不公正现象更是由来已久，且范围遍及所有保留死刑的州和联邦。虽然相关的国际公约明确禁止刑事处罚中的种族歧视，国际社会的有识之士也对美国死刑适用中的种族歧视进行了强烈的谴责，可是美国官方和相关人士对这一切都充耳不闻，视而不见，并想尽一切办法为其行为遮掩和辩护。

事实上，联邦政府完全可以在消除对未成年人适用死刑、对精神智障者适用死刑、死刑适用中的种族歧视问题上和遵守国际公约问题上表明自己的立场，加强对各州死刑适用的审核和制定严格适用的死刑规则，甚至率先在联邦立法中废除死刑。

内容回顾：

本章主要运用理性主义模型分析刑事司法问题。通过分析美国社会的犯罪、多样化的联邦机构、惩治犯罪的政策，并结合警察执法、枪支管理和毒品威胁等问题，诠释美国如何制止犯罪发生的相关政策及其效果。

学习本章，应重点掌握下列几个知识点：美国的犯罪、犯罪与威慑、警察与执法、打击犯罪的联邦政策、枪支管理、反毒品运动、监狱与死刑。

复习思考题：

一、选择题

1. 下列（　　　）项不是刑事司法政策中的有效威慑策略。
   A. 惩罚的确定性
   B. 惩罚的及时性
   C. 惩罚的可行性
   D. 惩罚的严厉性

2. 下列（　　　）项不是警察在社会中履行的职责。
   A. 主动出击
   B. 维护秩序
   C. 提供服务
   D. 执行法律

3. 下列（　　　）法案规定手枪经销商必须向警察部门提交一份由购买者填好的表格；警察部门用五天的时间来确认这一购买者是否为重罪者、逃亡者、吸毒者或精神病人。
   A. （Violence Against Women Act of 1994）《1994 禁止对妇女施加暴力法》
   B. （Brady Law of 1993）《1993 布雷迪法案》
   C. （National Firearms Act of 1934）《1934 年全国枪支法》

D.（Harrison Narcotic Act of 1916）《1916年哈里森麻醉剂法案》

4. 下列（　　）机构是美国最大的情报机构，其主要任务是公开和秘密地收集与分析关于国外政府、公司、恐怖组织、个人等方面的情报。

    A. 中央情报局（CIA）

    B. 运输安全局（TSA）

    C. 移民和海关执行局（ICE）

    D. 国家安全部（NSA）

5. 下列（　　）项不属于美国禁毒策略。

    A. 封锁

    B. 教育

    C. 毒品合法化

    D. 戒毒治疗

答案：1. C　2. A　3. B　4. A　5. C

二、思考题

1. 为什么枪支管制在美国无法实施？

2. 美国的禁毒斗争包括哪些方面？

三、案例分析

（一）奥兰多枪击案震撼美国

美国东部时间12日凌晨，佛罗里达州奥兰多市"脉冲"夜总会发生严重枪击事件，造成上百人死伤。这一美国历史上伤亡最大的枪击事件极大地震撼了美国社会，奥巴马总统当天在白宫紧急发表声明，要求相关部门全力协助案件调查工作。

一人行凶，百人死伤

6月12日深夜两点，一名枪手携带了一支AR-15攻击型步枪、一把手枪以及爆炸装置闯入位于奥兰多市中心的"脉冲"同性恋夜总会。枪手先是用可连续射击的步枪开火，之后绑架了 100 多名人质。随即，警方包围了夜总会，并且在几个小时后实施突袭。接着，凶手向人质开火，最后凶手被警方击毙。据当地警方公布的最新数字，枪击事件已造成 50 人死亡、53 人受伤。

当天下午，奥巴马总统在白宫发表讲话，谴责"奥兰多枪击案"，形容这是可怕的大屠杀。他说，这起"美国历史上最严重的枪击事件"清楚地提醒我们，对任何一名美国人的袭击就是对我们全体美国人的袭击。他同时下令美国下半旗，悼念受害者。

是"伊斯兰国"信徒，还是同性恋"仇恨者"

此间媒体透露，制造这起枪击案的嫌疑人名叫奥马尔·萨迪奇·马丁，今年 29 岁，父母均为阿富汗移民。警方调查发现，马丁居住地是位于奥兰多市以南圣卢斯县的皮尔斯港，距离事发地点大约有两个小时车程。

听取相关汇报后，奥巴马总统明确定性该事件属恐怖袭击，但并未谈及是否与伊斯兰教信仰有关。美国联邦调查局（FBI）的一名发言人说，这名枪手似乎"倾向于"伊斯兰激进组织的主张，但目前尚不清楚这起袭击案是不是国际恐怖袭击的一部分。

美国全国广播公司援引多名执法官员的话说，马丁在枪击开始前曾拨打 911 报警电话，宣称向"伊斯兰国"极端组织头目效忠，而且在"伊斯兰国"极端组织相关联的推特公众号上贴出的"效忠者"照片与警方提供的马丁照片一致。而英国天空新闻网则报道称，"伊斯兰国"通过其所属"阿玛琪"（Amaq）通讯社宣称对"奥兰多枪击案"负责。该声明中称："'伊斯兰国'战士发动了此次袭击。"

不过，马丁的父亲则对 NBC 表示，这件事情跟宗教没有任何关系，马丁只是对同性恋存有严重偏见，因为此前在迈阿密市看到两个男人亲吻时，他就表现出极度愤怒情绪。按照马丁父亲提供的信息，执法机构也朝着本次枪击案是否为仇恨犯罪的方向调查。

案情冲击选情，两党或都受伤

由于时值美国大选关键时期，本次枪击案或将对大选走势产生影响。如果最终调查结果显示这是一起与极端组织"伊斯兰国"有关的袭击事件，在对待移民和宗教问题上立场强硬的共和党总统候选人特朗普有可能因此赢得更多支持。而对民主党候选人而言，"恐袭""伊斯兰"等则是十分敏感的词汇，希拉里·克林顿在推特上说："在我们期待更多信息的同时，我谨对在此次事件里受到伤害的人们表示慰问。"其言论中对于袭击的性质并没有丝毫涉及。而已经宣布支持希拉里的奥巴马在确认事件为"恐怖袭击"的同时，也点出"今天对于同性恋社群来说是令人悲伤的一天"，以淡化嫌犯的宗教信仰的影响。

此间分析家认为，奥兰多枪击案或许对于特朗普是一柄"双刃剑"。枪手行凶时使用致命性轻武器，可能将再次引发美国公众对枪支管控问题的争论。众所周知，奥巴马的控枪计划屡屡遭到"美国长枪协会"及其背后支持力量——国会共和党人的阻挠。一旦"控枪"话题发酵，或可抵消宗教极端组织、"独狼"发动"恐袭"等声音对民主党的冲击。

——来源：《光明日报》：奥兰多枪击案震撼美国

思考：

1. 对于频繁发生的枪击案件，美国是否应该通过直接禁枪的方式遏制枪支犯罪问题？请谈谈你的看法。

2. 美国的枪支泛滥问题已经严重危及整个社会的安全，美国政府应该如何加以管控？

（二）美国警察枪杀黑人事件升级　5名警察被密集狙杀

在达拉斯发生造成5名警察丧生、7名警察受伤的恶性袭击事件后，正在波兰参加北约峰会的美国总统奥巴马与达拉斯市市长罗林斯进行了通话，并代表美国人民表达了对丧生警察的"最深切的哀悼"。

路透社7月8日报道称，奥巴马表示："虽然我们还不了解整个事件的前因后果，但这毫无疑问是一次恶毒的、有预谋的、卓鄙的袭击。我要在这里代表每一个美国人说，我们对此感到震惊，我们与达拉斯人民和警察局站在一起。"

另据法新社 7 月 8 日报道，达拉斯市警察局局长 8 日称，由于近来发生了一系列警察枪杀黑人男性事件，达拉斯枪击案一嫌犯对谈判人员称想要杀死白人，特别是白人警察。

就在这个得克萨斯州主要城市发生导致 5 名警察丧生、9 人受伤（其中 7 人是警察）的枪击事件后，达拉斯市警察局局长大卫·布朗呼吁人民团结一致，"警察和民众之间的这种撕裂必须停止"。

布朗表示，7 日晚枪击事件发生后，这名嫌犯在与警方对峙时被后者引爆的爆炸装置杀死。

达拉斯市市长罗林斯接受媒体采访时证实，1 名嫌犯在和警方对峙时丧命，同时有其他嫌犯遭拘押，其中包括 1 名非裔妇女，因为他们并未采取配合态度。

另据中国台湾"中央社"7 月 8 日报道，在达拉斯市中心抗议警察枪杀非裔男子的游行示威活动中，有狙击手在不同制高点朝警员开枪，造成 5 名警察殉职。

根据达拉斯警方的描述，昨晚的伏击警方行动，是经过精心策划的。警方目前已拘押 3 名嫌犯。据媒体报道，第 4 名嫌犯在市中心与警方交火后自杀。

达拉斯市警察局局长布朗稍早在记者会上表示，狙击手从制高点狙击警员，似乎是协同攻击事件。部分受害人背部中弹。布朗指出："袭击者都使用了狙击步枪，分别占领了市中心游行终点处的 3 个不同制高点。"

警方起初公布 4 名警察死亡，但受伤警察中，一人伤重不治，殉职警察增至 5 人。这起事件也成为近代美国历史上最严重的警察遭集体枪杀事件之一。

据英国广播公司网站 7 月 8 日报道，美国达拉斯市警察局局长表示，在 7 日的抗议白人警察开枪打死黑人的示威活动期间，警察遭到枪手袭击，5 名达拉斯警员死亡。

达拉斯市警察局局长大卫·布朗表示，袭击事件发生在当地时间 20 时 45 分。

7 日晚的示威集会是为了抗议近日发生的路易斯安那州和明尼苏达州发生的两起警察开枪打死黑人事件。

另据路透社 7 月 7 日报道,警方在两天内第二次开枪打死一名黑人的事件今天在美国引发了人们的愤怒。

32 岁的学校食堂黑人员工卡斯蒂尔 6 日晚上在接受停车检查时被一名警察开枪打死,促使明尼苏达州州长马克·戴顿下令州政府进行调查。卡斯蒂尔被打死的前一天,另一名黑人、37 岁的奥尔顿·斯特林在路易斯安那州遭到警察枪击。

据埃菲社 7 月 7 日报道,联合国要求美国就最近两起黑人被警察打死事件展开调查,并研究此类案件发生的深层次原因。

——来源:《参考消息》:美国警察枪杀黑人事件升级　5 名警察被密集狙杀

思考:

1. 简要阐述警察在社会中履行的职能。

2. "警察和民众之间的这种撕裂必须停止"。分析导致美国警察与民众之间的撕裂与对抗的原因。可以采取什么措施加以解决?请谈谈你的看法。

3. 分析"破窗理论"运用于刑事司法中的利与弊。

(三) 墨西哥毒品交易

在墨西哥和美国边境发现了非法地道。墨西哥官员称,在 2009 年,至少发现 6 条通往美国的地下通道,它们被用来运送毒品。其中有一条通道长约 300 米,内有电力和通风设施,甚至还有一部电梯……

思考:

1. 墨西哥毒品交易起源的根本原因是什么?

2. 如果你是美国政府的官员,你会从哪些方面来制定相应的公共政策来应对墨西哥毒品交易?

第四章
美国的社会福利制度

第一节　美国的社会福利保障

美国现行的社会福利制度是在 1936 年《社会安全法案》实行之后逐步完善起来的。《社会安全法案》包含如联邦社会保险、失业补助金、公共援助金、孕妇与儿童福利等。除了《社会安全法案》所包括的上述福利政策之外，美国还有很多涉及生活、工作各个方面的社会福利，比较常见的有工作保险、生活补助、医疗补助等。

美国人口普查局统计，有 3 500 万~4 000 万人生活在贫困线以下。贫困线的划定不是固定的一个数字，而是根据当年需要多少支出才能满足标准的体面的生活决定的，并且把通货膨胀考虑在内。美国政府的总支出当中，60% 是福利支出，福利支出的三个最大的项目是社会保障、医疗保障、退伍军人和退休联邦雇员工资，基本上都是给退休人员的福利，占联邦补助的 1/3。但是真正流向贫困人口的资金不到 1/3。

美国社会福利政策的发展大致可以分为四个阶段：

第一个阶段是美国建国之初到 20 世纪 30 年代。随着经济的发展，穷人逐渐进入城市，贫困问题开始产生。但当时为穷人提供援助的大多是私人群体（组织），如教堂就是个典型的例子。相对来说，政府在当时对贫困人群的资助中所承担的责任相对较少。

第二个阶段是 20 世纪 30 年代到 60 年代。1929 年美国经历了经济大萧条，这场危机对美国的经济产生了破坏性的影响，造成了上千万的民众陷入贫穷的困境。美国政府陆续采取了多项措施，其中尤为著名的是 1933 年罗斯福总统提出的"新政"方案。这个方案的主要内容之一就是大范围的针对穷人的公共援助，也就是通常所说的福利。这个方案将妇女、儿童、老年退休人员、残疾与失业人员归类到各种不同类型的救助体系中。

第三个阶段是 20 世纪 60 年代到 90 年代中期。20 世纪 60 年代，美国经济快速发展，各项社会福利制度也随之发展完善。美国的社会保障项目也大致分为两大类，一类是社会保险；另一类是公共援助与福利，是帮助贫困阶层维持最低生活水平和享有某些权益的社会福利。林登·B. 约翰逊（Lyndon B. Johnson）总统实行的"伟大社会"包括给失业者或贫民食品券（Food Stamps）、医疗保险、医疗补助。随着一系列新政策的产生，主要出现了两个现象，一是老年人的贫困减少了 2/3，二是对老年人的健康照料方案在全国普遍实施。

第四个阶段是 1996 年至今。福利制度改革成为美国政府的一件大事。1996 年，克林顿政府颁布了《福利改革法案》，这次改革是美国福利政策的一个转折点。新政策的目的是通过就业鼓励个人承担责任，减少非婚子女的出生，并加强婚姻关系。

哈佛大学社会学家大卫·埃尔伍德（David Ellwood）解释说：福利把我们最高贵的价值——自立、责任、工作、家庭、社会和同情，带入冲突之中。我们想帮助那些生活不济的人，但是在这样做的时候，又好像贬低了那些努力奋斗以摆脱困境的人们的价值。我们想为那些低收入者提供财政补助，但如果这样做，就会减少他们的压力和工作的动力。我们想帮助那些不能自立的人，但是我们又担心人们将不再愿意自强自立。我们承认单亲家庭的不安全，但是如果帮助他们，又好像助长或支持了这种家庭的形成。

1929—1933 年的大萧条对美国社会造成了严重的冲击，美国国民经济陷入困境，全国有 1 500 万~1 700 万工人和约 3 400 万农民陷入失业和贫困的境地。社会保障成为当时非常现实和紧迫的问题，美国的社会保障制度也正是起源于这一时期。罗斯福总统实行国家全面干预经济的新政，新政包括救济贫民和失业者，恢复工商业和农业，改革银行和投资控制以及改善劳资关系等。新政通过立法的方式，建立"安全网"式的社会保险和社会福利体系。1935 年美国国会通过的《社会保障法》和 1939 年通过的《立法补充》，奠定了美国社会保障制度的基础。

富兰克林·D. 罗斯福总统执政时期，联邦政府通过采取有力的行动，提出理性的计划来实现社会目标。罗斯福新政时期，最重要的立法《社会保障法》中提出，联邦政府在联邦、州和地方政府的层次上着手建立福利政策的基本框架，更为重要的是，这部法案还提出了解决贫困问题的策略。当时的经济大萧条使得国家的领导班子确信，贫困是由个人无法控制的因素导致的——失业、年老、家庭中养家糊口的人死亡以及身体残疾等。解决办法就是让个人买保险来防止由于不幸而导致的贫困。

美国社会保障制度强调权利和义务相结合、收益和缴费相结合的原则，弱势群体是其主要的受益群体。这也就是说，社会保障制度的受益者首先应该是制度的缴费者。美国各种社会保障项目中，职工是否享有年金或其他定期补助，一般取决于其工作或独立劳动时间的长短。这种就业关联制度是通过雇主、雇员共同缴费来筹集资金的，美国养老保险月缴费占个人工资总额的 15.3%，雇主、雇员各承担 50% 的费用。由于享受保障的权利和缴纳保险费的义务得到了较为有效的结合，政府用于社会保障的转移支付资金就比较少。此外，美国企业补充保险即一家企业的年金计划对减轻国家财政的压力也起了积极作用。在美国企业年金计划中，社会保险缴费与享受待遇得到了更为充分的体现。

美国社会保障水平不高，仅能满足劳动者的基本生活需要，强调社会保障实施于需要社会帮助的弱势群体，同时，社会保障项目仍不完备，各类人员享受保障的差别较大。例如，美国在职职工是不能享受国家提供的医疗保险的。只有职工退休以后，才能享受国家提供的医疗保险。

《社会保障法》的制定者创造了信托基金，期望用工人的社会保险费用建立一个储备金库。这些储备金会有利息，这些利息和本金用于支付将来的福利开支。个人福利是根据其缴纳的费用发放的。一般的税收收入也就无须用于个人福利支出。美国社会保障制度由社会保险、社会福利、社会救济三个部分组成。美国自建立保障制度以来，已形成庞大的社会保障体系。美国社会福利保障制度的特点首先是兴办和管理社会福利保障的一体多元化，公私兼顾、联邦和地方政府兼顾，其侧重点时有调整。美国社会福利保障项目的多层次与美国社会保障的公私兼顾的多元体制相联系，社会福利保障项目多层次是又一特色。美国的社会保障项目有就业和失业福利保障、老年福利保障、健康医疗保障、教育福利保障、住房保障、退伍军人保障以及其他公共援助、妇幼及残疾福利保障等大类。每类中又分若干方面，如健康医疗保障涉及公共健康保险、公共医疗补助、私人健康保险、工伤保险等。住房保障涉及公共住房、房租补贴、妇女、婴儿和儿童住房补贴、消除贫民窟和新镇建设运动等。其他公共援助、妇幼及残疾福利保障涉及抚养未成年儿童家庭补助，为老年人、盲残人提供补充保障收入，对永久性完全残疾人的补助，食品券，儿童营养补助、儿童服务，残疾保险等。美国社会福利保障财源的多渠道和美国社会保障项目的多元层次及美国公私兼顾的社会保障制度相适应，在社会保障的财政来源上显示了多渠道的特色。由于美国市场经济的发展和主导作用，美国自由主义思想和多元价值观念的影响，以及美国二元联邦主义政治体制及地区经济发展的不平衡，美国社会保障制度是很不完善、很不平衡的。这种不完善、不平衡集中表现在各州和地方规定的税收和社会保障福利金额待遇有相当大的差距，其中经济发达的东北部地区和南部等经济后进地区相距甚远。此外，不同的企业由于经济实力和盈利情况不同、高技术和大企业雇员的福利待遇与小企业和盈利低的企业福利待遇、工会力量的强弱等都对福利待遇发生影响。美国社会福利保障的受惠待遇是不平衡的。美国虽然实行对低收入和贫困家庭的福利补助，同时又在税收政策、退休政策等方面实行对高收入者有利的倾斜。

美国社会保障制度有五大特点：一体多元制；多层次；多渠道；美国社会福利保障制度的不完善、不平衡；美国社会福利保障受惠的不平衡。

第二节 美国的贫困问题

贫困是一种多元性、综合性社会现象，它有多种表现形式。收入贫困是现代贫困最重要的概念和最主要的表现形式。美国一般以处于官方规定的贫困线以下的人口占总人口的比例来衡量贫困规模。贫困线由家庭规模和家庭总收入这两个因素来确定，并且每年都要重新测算、核定。如果一个美国家庭的年总收入低于"基本需求"，就被认为属于贫困家庭。据美国人口普查局公布的数据，2004 年，美国贫困人口占总人口的比例由 2003 年的 12.5% 上升到 12.7%，总人数从 3 590 万上升到 3 700 万，增加了 110 万人，平均每 8 个美国人中就有 1 人生活在贫困之中。一些研究者认为，贫困、不平等和无家可归问题在美国十分严重，这样的贫困线实际上大大低估了美国人的贫困状况，造成了对贫困的忽视。一些专家认为，贫困和无家可归问题在美国正在好转，官方规定的贫困线标准过高，夸大了美国的贫困范围。美国穷人家庭中，70% 拥有汽车，97% 有彩色电视机，64% 有微波炉，50% 有立体声音响。传统基金会贫困问题专家瑞克特认为，以绝对贫困的标准来衡量，在工业化国家中，美国是贫困率最低的国家之一。

导致贫困的原因很多，在美国，对其的分析方法主要分为个人主义和结构主义。个人主义理论认为贫困者应该主要从自

57

身去寻找贫困的根源，应该主要通过个人的努力摆脱贫困，而不应该依赖政府和社会。结构主义的贫困理论持"社会责任"的立场，认为当代社会中的贫困主要是由社会因素引起的。而实际上，贫困问题既有客观的社会根源，又有个人的主观原因；在反贫困方面，既需要社会的努力，又需要个人做出自己的努力。贫困不仅表现在经济贫困上，而且表现在环境贫困、社会贫困上，它是环境、经济和社会相互作用、相互影响的结果，具有很强的复杂性和综合性。美国从建国之初到20世纪30年代和20世纪30~60年代是美国出现贫困的主要时期。1933年罗斯福总统提出的"新政"中针对穷人的公共援助进行了大范围的支助，这就是通常说的"福利"。但那时候联邦政府在解决国内社会问题上的行动和作用都十分有限。1964年，约翰逊总统宣布向贫困开战，美国开始走上一条新的道路，为解决贫困和其他一些国内社会问题设计和实施了更多的计划，花费了更多的资金，美国的社会保障体系逐步完善。但是，到了20世纪80~90年代，美国传统的福利政策特别是抚育未成年儿童家庭援助（AFDC）项目，受到了来自各方面的猛烈批评。福利允许穷人游手好闲，造成了永久性的底层阶级，形成了福利依赖，儿童贫困居高不下，甚至有所增加，另外还带来了巨大的社会保障财政赤字。1996年，克林顿通过促进就业鼓励个人承担责任，减少非婚子女的出生，并且加强和支持婚姻关系。后来，布什也对这一举措进行了强化，鼓励就业，以减少穷人对福利的依赖。

第三节　美国的医疗保险

美国现行的医疗保障体制是以私人商业医疗保险为主，由公共部门、私人部门和非营利性组织共同构成的，它是全世界最复杂的医保体系。在医疗保障领域，美国无疑是发达国家中的"独行侠"，是世界上唯一一个没有实行全面医疗保障的发达国家。其医疗保障体系以商业保险为主体，其构成纷繁复杂，被公认为"不成体系"或"复杂多元化",使得美国的医疗保障制度独树一帜。见下图。

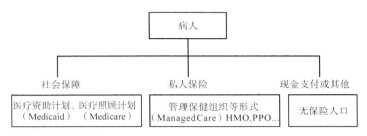

美国医疗保障体系简图

不过,美国统计局 2007 年数据显示,67.9% 的美国人通过商业保险公司获得医疗保障,27.8% 通过政府获得医疗保障,另外还有约 15.3% 没有任何医疗保障。在拥有商业医疗保险的人中,60% 通过雇主以团体保险形式购买,仅有 9% 由个人直接购买。

1965 年美国众议院基本资源委员会主席威尔博·米尔斯提出了老年人医疗保险的法案,尽管当时遭到了美国医疗协会(AMA)的反对,但这一建立老年医疗照顾(Medicare)的法案最终还是于 1965 年 7 月 30 日由约翰逊总统签字生效,1966 年正式实施,由美国卫生与公众服务部卫生服务经费管理局(HCFA)直接管理。Medicare 包括医院保险(HI)、补充医疗保险(SMI)两个部分。前者的资金来源于社会保障工资税的一部分,后者 25% 来自申请人的投保金,余下的 75% 由政府收入解决。该制度是对 65 岁以上年龄的人以及 65 岁以下因残疾、慢性肾炎而接受社会救济金的人提供医疗保险。保障的范围包括大部分的门诊及住院医疗费,受益人群约占美国人口的 17%。

联邦政府和州政府对低收入人群、失业人群、残疾人群也有各种特别医疗项目资助,Medicaid 是最大且最具代表性的 1 个项目,它由联邦政府支付 55%、州政府支付 45%,共同对低收入居民实行部分免费医疗。Medicaid 项目在很大程度上带有财政转移支付的功能。它与 Medicare 的区别是,前者是为贫困者而设，后者是为老年人而设，二者之间没有直接联系。Medicaid 服务项目包括门诊、住院、家庭保健等，全国每年约有 3 000 万人受益。

此外，现役军人、退伍军人及家属和少数民族可享受免费医疗服务，费用全部由联邦政府支付。

传统上，企业的雇主为他们的雇员支付医疗保费给保险公司，而保险公司（承保人）付款给医疗服务的提供者（包括医师、医院、Home Care 机构、Nursing Home 或药局）。在这个系统之下，医师决定病人该接受何种治疗、治疗的程度以及谁该提供医疗服务。医疗费用通常由医疗服务的提供者单方面决定，保险公司只单纯地支付医疗账单。如果费用太高，保险公司则会提高下一年度的保费。在 Managed Care 的制度下，结算病人医疗费用的机构将扮演管理病人医疗服务的角色。雇主和保险公司不再仅仅支付医疗费用，他们也参与决定该给病人多少医疗服务、何种医疗服务、该由谁来提供治疗。换句话说，雇主和保险公司将决定医疗提供者的所得以及付款的方式。因此，Managed Care 可以说是美国医疗系统的一项重大变革。过去由医疗人员特别是医师决定一切医疗行为的局面不再出现，医师必须和雇主以及保险公司分享他们的决定权。这深深地改变了医师在医疗系统中所扮演的角色。

美国医疗保险的付费制度分为四种：

（1）Out－of－pocket payment（直接付现）；

（2）Individual private insurance（个人私人保险）；

（3）Employment－based group private insurance（公司私人保险）；

（4）Government financing（政府财政支付）。

第一种是最简单的付费制度——就像消费者直接购买商品和服务那样。但是基于几项特点，使得医疗保险有别于一般的消费行为。例如医疗是人类的基本需求，而非奢侈品，因此，如果病人无法负担医疗费用，必须有一个不同于 out－of－pocket 的付费制度来帮病人支付医疗费用；再者，医疗需要和支出无法事先预估和选择；而且，当病人接受治疗时，往往缺乏关于这些治疗的知识；更何况人们不知道他们什么时候会遭逢疾病或伤害。

第二种是私人保险——除了病人和医疗人员外，保险公司居中，一方面向人们收取保费，另一方面支付病人的医疗费用给医疗机构。

第三种是企业的雇主支付雇员所有或部分的医疗保费。医疗保险提供一个机制以便把医疗资源分配给真正需要的人，而不是基于他们支付医疗费用的能力。换句话说，医疗保费的基金从健康者的身上被重新分配给病人，同时健康保险制度帮助无法支付医疗费用的人分担他们的费用。然而，健康保险在这方面的正面意义，有时反倒变成它的致命伤。比如原本是要解决现付式付费制度里病人无法负担高额医疗费用的问题，却造成了难以控制医疗费的窘境。因为在这个制度下，病人不必再自己掏腰包支付医疗费用，于是无形中人们会增加看病的次数。加上医疗机构转而向保险公司索费，他们可以很轻易地提高医疗费用。因此基于商业竞争的考虑，保险公司不得不以较低额的保费来吸引年轻、健康或低危险性工作的族群投保。相对的，老人与有病的族群变得愈来愈没有能力支付高额的保费。

为了解决新产生的问题，于是有第四种付费制度出现——政府健康保险：Medicare 和 Medicaid。Medicare 的服务对象是老人，经费来源是社会安全税收、联邦税和受益者所缴的保费。Medicaid 由州政府管理，对象是低收入者，经费来源是联邦税和州税。

最后一种是医师的工资或医院的预算。由 HMOs（健康管理办公室）管理的医师，接受一个期间的"工资+奖金"（奖金视医师帮 HMOs 或 IPAs 节省的医疗花费的程度而定）。在这个制度之下，超时工作并不会带给医师更高的薪资。就像是 Capitation，医师必须得承受收入减少的危险。Kaiser Health Plan（恺撒健康计划）在美国很多地区是最大的 HMO，它们拥有自己的恺撒医院（Kaiser Hospital）。Kaiser Hospitals 每年从 Kaiser

61

Health Plan 接受固定的预算，而同时得承受整个财政上的风险。因为无论有多少住院病人和多么昂贵的治疗和检查，都只有固定的预算可以使用。

说到美国的医疗保险，真是五花八门，有时连专职的医疗保险经纪人都解释不清。美国医疗保险大体上分为以下几大类：

（1）普通医疗险；

（2）专科医疗险；

（3）住院医疗险；

（4）单项医疗险。

普通医疗险：所有人都必须有的医疗险。在美国，这种保险也叫基本医疗保险，是以年龄和家庭人员来确定保险额度的。比如年满 18 岁的年轻人每个月付 40 美元左右，看病主要以内科病为主。门诊费和药费的自付额一般为 40% 左右。即诊费和药费加起来 100 美元的话，自己要付 40 美元。这种基本医疗保险含住院费用，但是自付额为 2 000 美元左右，超过 2 000 美元的部分才由保险公司支付。从 25 岁以后，每 5 年算一档，即 18 岁以下、18~24 岁、25~29 岁、30~34 岁、35~39 岁、40~45 岁、45~49 岁、50~54 岁、55~59 岁、60~64 岁 10 个年龄档次。基本上每一档上调 50% 保费。而年满 65 岁以后，则由政府支付所有的医疗保险费用。家庭医疗保险以夫妻双方年龄小的一方为保险费档起算，第二位以上的家庭人员的保费，大概每人只需多加 20%，其孩子未满 18 岁可以单保，也可以算入家庭成员合保。一些年轻的父母愿意和孩子合保，因为起价保费低。而父母年龄大的却愿意与孩子分开参保。

专科医疗保险：这类保险分项很细，譬如牙医保险就有洗牙、补牙、植牙、拔牙、矫正、牙周病、X 光检查……每多保一项必须多加一笔费用。妇科医疗保险同样复杂：检验费、治疗费、检查费、孕检费、产检费。

保险公司对医疗支付的费用审核很严格，并且是分项支付的。就拿诊断费用来说，初诊费、复诊费由保险公司给付时费用不同，时间要求不同。一般初诊时间为 40 分钟，保险公司支付给医师 40 美元初诊费；复诊时间为 25 分钟，保险公司支付给医师 25 美元复诊费。如果时间延长，医师可以申请追加诊费，但是申请手续很繁琐。

在美国，每个人都可以根据自己的家族史、病史和身体状况购买不同的保险，也可以选择不同的专科。

突发疾病时，也是根据所购买的不同的医疗保险项，保险公司支付保险项内部分，自己承担未买保险的部分。在美国，自己承担不了医疗费用时可以申请贷款，医院也会根据每个人的不同情况减免部分医疗费用，政府也会给一部分资助，而很多社团或公益组织也会伸出援手。所以没有医院会因为病人付不出医疗费用而拒绝施救，因为社会舆论和对这家医院的负面报道，会让这家医院关门。

美国的医院分为截然不同的两种，一种是公立医院，一种是私立医院。美国公立医院规模很大，每座城市都有几家，它们基本没有什么盈利，完全是公益目的，为美国公民看病。公立医院是非营利性、免税的，只按服务水平收费，收入用于医院的生存和发展。公立医院的医生收入通常不是很高，其绝大部分收入来自国家的拨款。

私立医院则分为两种，一种是非营利性但不属于政府的NGO，这类医院主要是各种慈善机构等组织成立的，作为对公立医院的补充。另外一种则是营利性私立医院，这类医院收费较高，但水平一般也很高，以专科医院为主。在私立医院工作的医生，一般薪水很高。

公立医院基本满足美国低收入阶层的最低保障，私立医院除了提供美国公民基本医疗服务以外，还提供比较高端的医疗服务。两者配合，形成了美国整体医疗制度。

有医疗保险的人，看病的绝大部分开销都由医疗保险公司承担，自己仅需支付其中一部分。没有买医疗保险的人，也不是说就不能看病。遇到大病、重病、急诊，美国各大城市只要设立了急诊部门的医院都是必须收的，也必须治疗，法律规定必须如此。

1986 年，美国规定凡参加"医疗保健"计划的医院，必须对急诊病人进行基本的医疗检查，必须对患有急诊病症者给予治疗并稳定病情，一般必须在稳定急诊病症后才能让病人转院或离开。治完之后，如果病人无法支付治疗费用，可以有很多方法解决。第一可以分期付款，第二可以尽量减免，第三实在没什么钱也可以申请救济和援助，第四真的一文不名就不用给了，但是个人信用可能会因此受影响。这些钱并不由医院承担而是由美国政府承担。有些医院一年要政府补贴 1.5 亿美元左右，单赠送给低收入的病人的眼药水，一年就要 100 万美元。

　　美国 20 世纪 80 年代开始实行"超额服务医院"项目，以报销医院为治疗无法支付医疗费的病人而发生的费用，这种安排无疑有助于解决医院见死不救的行为。美国政府的财政赤字很大一部分就来自于医疗，当然，这笔钱主要转嫁到了美国的富人和中产阶级头上，因为低收入阶层是没钱的。美国的富人经常也做一些公益捐款，比如比尔·盖茨经常做慈善，其中大部分都捐在医疗上面。

　　美国的医院有治疗诊断权，没有卖药权。也就是医院只负责看病，患者买药有另外的药店、药房。医、药根本就是分开的，所以完全谈不上以药养医，也省去了中间保障的医药费用。美国医生待遇较高。当医生可谓是美国最难的职业。一个美国医生，从上大学学医开始到能够独立行医，至少需要 10 年的时间。一般美国医学院学生在学习期间都向银行贷款，贷款 30 万美元是普遍的。还要通过无数考试。即使成为医生以后，也要定期参加各种考试。美国的医生，每隔几年就必须参加一次非常严格的资格考试，通不过的话，医生资格就会被取消。而且一旦成为知名医生，还需要定期搞出科研成果，竞争极为激烈。在美国，医生这个行业没有本领是很难生存的。就是因为门槛很高，所以美国医生的数量并不多，全国仅有 80 多万人。从业人员少，待遇就会高。美国医生的收入远高于国民平均水平。一些私立医院医生年薪超过 30 万美元。如果一个医生被禁止行医，则意味着他失去了基本的生存基础，即使想改行也来不及了，所以，没有医生愿意为了区区数百美元的红包铤而走险。

美国监督机制非常完善，一旦医生收受患者大笔财物，很难逃过监控。美国目前的现金交易极少，基本通过转账刷卡形式。而医生的账户大部分是被监控的，对每一笔收入，银行都会进行监督，数额较大的来历不明的钱均会被调查，并记入个人档案，影响一个人的信誉。

美国医学界有所谓的诚信档案。有劣迹的医生将被全美医师协会打入黑名单，所有黑名单上的人，将不被美国境内的任何医疗机构聘用。

美国医院全部都是预约制度，一个医生一天只看几个病人，每个病人都会享受到完善的诊断和治疗。美国做得最好的可谓乡镇医疗，也就是家庭医生。在美国，无论乡镇还是城市，每户人家都有家庭医生。这个家庭医生一般负责某个社区，一个社区有多名这种医生。人们生病时直接去家庭医生处检查。家庭医生一般是综合科的医生，他们可以诊断和治疗基本的、常见的小毛病，病人也可以就近在社区医院住院护理。如果碰到他们无法解决的疾病，他们会帮忙转到专业医院或者大医院去治疗。家庭医生一般都在患者家附近，所以看病的人基本就在家门口治病，不需要到处跑。

美国家庭医生是美国医生的中坚力量，也受过严格的医学训练。在全美 80 多万医生中，60 多万都是家庭医生。目前家庭医生的收入是各科医生中最少的。

第四节 美国的养老保险

随着人口的迅速老龄化，政府却没有能迅速解决现实的压力与养老保障的矛盾。现在美国正面临着严峻的养老问题。一份调查显示，尽管美国经济正在缓慢回暖，但绝大多数美国人对退休后的生活状况仍表示极度担忧。美国国家退休保障研究所公布的调查结果显示，55% 的美国人担心目前的经济状况会影响到他们退休后的生活，另有30%对于"是否有足够的经济能力应对退休"表示担忧。此前有调查显示，与上一辈人相比，大部分美国人退休后的财政状况会面临自罗斯福新政以来的首次恶化，并危及长期以来已经得到提高的老年人生活水平。发生经济大萧条后，为准备退休而焦虑的人数居高不下。调查的发起人表示，政策制定者需要改善国家的退休养老计划。美国从1935年开始针对老年人逐步制定了较为完善的社会保障制度。然而近年来，美国经济衰退使近40%的个人财富缩水、劳工长期失业、存款利息几近于零。参议院卫生、教育、劳工和退休金委员会表示，美国面临6.6万亿美元的退休储蓄赤字。与此同时，经济学家发现，大多数美国人退休时的经济状况可能不如上一代。人口迅速老龄化造成政府负债严重，致使美国退休者生活陷入"一代不如一代"的窘境。美国联邦储备委员会的数据显示，30岁以上的美国劳工中，估计将有53%的人根本无法为退休做好准备。该数据远高于2001年时的38%，更超过1989年时的30%。由于老年人债务问题日益严重，而医保费用和养老金覆盖面不断缩小，越来越多的研究人员认为，老年人长期保持良好生活水平的状态正面临危险。事实上，80%的美国私营企业雇员拥有退休金固定提存计划。但是研究发现，很多人不是提存太少，就是预支太多，或是理财策略错误，导致退休金计划根本不够养老。国际服务人员工会最近发布的一份报告显示，黑人和拉丁裔工人退休后的生存情况尤其受到威胁。这些人无论是在房产数量、退休收入还是医疗支出方面都处于劣势。目前，一些非政府组织正在呼吁联邦政府为即将退休的人群设置新的退休救助。但这些声音被国家长期债务的阴影所笼罩，债务的困扰让许多政策制定者集中精力削减社会保障和退休福利，而不是增加。超过4/5的美国人更倾向于传统的养老金，即向退休人员支付一定数目的退休金。美国人认为，许多专家指出，401k退休福利计划和其他捐助项目更适用于频繁跳槽的工人。但问题在于这些计划的存款不够，且经常用于发放退休金以外的需求。同时，传统退休金对于工龄较长的工人更加合算。这样就导致矛盾滋生。

美国的养老保险分为三个部分，即联邦退休金制度、私人年金计划、个人退休金计划。

联邦退休金制度（社会养老保险）：为美国养老保障体系的第一支柱，是最基本的养老保险制度，始建于 1935 年，以当年美国国会通过的《社会保障法》为起点，以后不断进行补充和修订，其基本条款沿用至今。美国联邦政府规定，职工退休年龄男、女都为 65 岁，同时必须纳税满 40 个季度，才能享受相应待遇。养老保险费完全由雇主和雇员缴纳，政府不予承担。养老保险的费用，国家以征收社会保障税的方式筹集，由雇主和雇员按同一税率缴纳。雇员应缴纳的数额，按照本人年薪的多少，采取分段办法计算。年薪在 5.5 万美元以下的部分，按照 7.65% 纳税，其中 6.2% 用于养老、遗属和伤残保险，1.45% 用于 65 岁以上老人的医疗保险；年薪在 5.5 万~13 万美元的部分，按照 1.45% 纳税，用于医疗保险；年薪在 13 万美元以上的部分则不需要纳税。雇主按其雇员应缴纳税率纳税。所得每 1 美元税金，其中 73 美分用于养老，19 美分用于医疗，8 美分用于伤残保险。法律规定满 65 岁可以享受全额养老金，同时，允许提前退休，但养老金减额发给，雇员最多可以提前到 62 岁退休，但每提前一个月退休，养老金将减发 0.56%；年满 65 岁后最多可再推迟 5 年退休，养老金将增发 0.25%。年满 70 岁以后退休者，养老金不再增加。联邦退休金制度的替代率平均在 50% 左右。

私人年金计划（私营退休养老保险）：为美国养老保障体系第二支柱，由各企业自愿建立。美国政府向雇主提供税收优惠措施以鼓励雇主为雇员建立"私人年金计划"。如企业从年营业额 100 万美元中提取 10 万美元作为雇员的"私人年金计划"，这 10 万美元可以免税。在这种税收优惠政策之下的"私人年金计划"是美国联邦退休制度的一个强有力的补充。目前全美有 60% 的雇员参加了私人年金计划。"私人年金计划"主要有两类：第一类是确定待遇方式，即雇主对雇员允诺雇员退休后给予多少退休金，并根据允诺由精算师计算确定每年储存金额。

大多数企业采取这种办法。第二类是交费方式，即先确定交费多少，退休时按照累积金额（包括本金、利息、投资利润等）确定退休金额，这类方式不需要退休金担保公司担保。

个人退休金计划即个人储蓄保险（个人养老保险）：为美国养老保障体系第三支柱，自愿参加，储蓄金一般个人出 3/4，企业出 1/4，联邦政府通过免征所得税予以扶持和鼓励。在储存时不纳税，在支取时再纳税，也是一种延期纳税办法。此项计划的最高存款额为每年 2 000 美元，并且必须在每年的 4 月 15 日前存入。所存款项连同利息在退休后即可领取，也可继续存入银行，但到达 70 岁时必须领用。年薪超过一定数额的，不能参加这项计划。具体标准是：未婚者年薪超过 3.5 万美元，已婚者年薪超过 5 万美元，均不能参加这项计划。

美国的养老金体系曾经犯了较大的错误，其根本原因在于雇员和雇主对于大企业长期生存能力的过分乐观和政治家的失误。二战结束时，美国劳工联合会做出了一个决定：他们将不再推动由政府强制执行的全国范围内的社会保障计划，而是促成大型垄断企业建立养老金体系。在通用汽车、美国钢铁等这样的大企业中，工人们已经高度公司化了，他们的养老金和退休金将依赖于其雇主的盈利能力。现在看来这明显是一个错误，于是自 20 世纪 80 年代开始，美国开始建立一个新的制度，即由政府提供补贴和优惠，而由雇员和雇主筹资的私人养老金体系。但是仍有很多人在这方面的投资不明智。比如，安然公司的雇员用此资金购买了安然股票，当安然倒闭后，他们不仅失去了工作，养老的钱也没了。现在已经有了一些改革方案，提出了一个计划，试图通过巨大的税收优惠和其他改革措施来提高私人养老金账户的吸引力，而且让个人更加谨慎地投资，避免类似安然事件再次发生。

人口老龄化在今后 20 年将是美国现行养老保险体系面临的最大挑战。目前，在"婴儿潮"时期出生的美国居民多达 7 900 万人，这一群体对养老金体系贡献最大，当他们陆续步入退休年龄后，美国社会养老保险提供了基本生活保障，而非强制性的企业养老保险则为老年人生活质量的提高做出了贡献。它是美国退休人口获得高质量生活的主要原因。

美国养老保险政策的问题：①对经济波动较为敏感。②易受大企业财务状况拖累。③企业养老金自我投资使风险倍增。④投资风险转嫁给了员工。⑤政府的作用不明显。

美国养老保险政策的优点：①社会保障机制比较完善，管理高度统一，约束力强。②使用法律和经济双重手段调控退休年龄，力度大，效果好。③基本养老待遇替代率控制在较低的水平，有利于多层次保障的发展。④充分利用高新技术，社会化程度高。

内容回顾：

本章运用理性主义模型阐释美国作为福利国家的非理性问题。美国社会福利政策的发展大致分为四个阶段，但对于福利项目的支出历来存在着两难争议。主要内容是从社会福利保障、贫困问题、医疗保险和养老保险等方面阐释美国社会福利制度。

学习本章，应重点掌握下列几个知识点：社会福利保障、贫困问题、医疗保险、养老保险。

复习思考题：

一、选择题

1. 下列福利项目中（　　）项不属于福利改革中哈佛社会学家大卫·埃尔伍德（David Ellwood）所解释的。

　　A. "社会保障资金支付给所有符合条件的退休人员，而不管他们的其他收入怎样，因此这绝不是基于家计调查而实行的。"

　　B. "我们想帮助那些生活不济的人，但是在这样做的时候，又好像贬低了那些努力奋斗以摆脱困境的人们的价值。"

C. "我们想为那些低收入者提供财政补助，但如果这样做，就会减少他们的压力和工作的动力。我们想帮助那些不能自立的人，但是我们又担心人们将不再愿意自强生活。"

D. "我们承认单亲家庭的不安全，但是如果帮助他们，又好像助长或支持了这种家庭的形成。"

2. 2010 年 3 月，奥巴马推动的《患者保护与平价医疗法案》通过，简称为"奥巴马医改"，是美国社会保障体系 45 年来的最大变革，将对个人、企业和政府产生深远影响。其医疗保障体系改革的目标不包括下列（   ）项。

A. 扩大医疗保险覆盖面

B. 降低成本，提高效率

C. 实现"全民医保"

D. 加强私营保险机构的垄断地位

3. 下列福利项目中（   ）项不属于美国 20 世纪 30 年代的"罗斯福新政"。

A. Social Security（社会保障）

B. Unemployment Compensation（失业补偿）

C. Supplemental Security Income，SSI（补充性保障收入）

D. Food Stamps（食品券）

4. 林登·B.约翰逊（Lyndon B. Johnson）总统实行的"伟大社会"包括给失业者或贫民食品券、医疗保险、医疗补助，属于下列（   ）阶段。

A. 第一阶段：美国建国之初到 20 世纪 30 年代

B. 第二阶段：20 世纪 30 年代到 60 年代

C. 第三阶段：20 世纪 60 年代到 90 年代中期

D. 第四阶段：1996 年至今

5. 1996 年克林顿政府颁布了《福利改革法案》，这次改革是美国福利政策的一个转折点，新政策的目的不包括下列（   ）项。

A. 通过就业鼓励个人承担责任

B. 减少非婚子女的出生

C. 加强婚姻关系

D. 保护弱势群体

答案：　1. A　2. D　3. D　4. C　5. D

二、思考题

美国现行的社会福利制度是在 1936 年《社会安全法案》实行之后逐步完善起来的。《社会安全法案》包含如联邦社会保险、事业补助金、公共援助金、孕妇与儿童福利等。除了《社会安全法案》所包括的上述福利政策之外，美国还有很多涉及生活、工作各个方面的社会福利，比较常见的有工作保险、生活补助、医疗补助等。请根据你从《美国社会的公共政策》所学习到的知识谈谈美国社会福利制度的利与弊。

三、案例分析
奥巴马政府的"健康美国计划"

天价医疗费用——医疗体系私有化、垄断化导致医药定价缺乏透明度

"美国是个'病不起'的国家。"据统计，美国年人均医疗费用 8 600 美元，是其他发达国家的 2 倍左右。美国医院收费高的原因在于其医疗体系私有化、垄断化导致医药定价缺乏透明度。

全美护士联合工会（NNU）最新公布的资料显示，美国部分医院向病患收取的费用，比实际治疗成本高出 10 倍。

市场化导向在美国医疗体系中被过分强调。在创收与发展利益的驱使下，名义上是非营利性质的医院，实际上是全美最赚钱的机构。2010 年安德森癌症中心的营业额达 20.5 亿美元，利润 5.31 亿美元，高达 26% 的利润率可谓服务型企业的奇迹。NNU 公布的资料表明，过去近 20 年里，美国医院收费一直呈上涨趋势。兰德公司统计，过去 10 年，美国家庭平均月收入增加

近 2 000 美元，其中 40%用于日益昂贵的医疗花费。

1/8 人口"裸险"——缺乏稳定保障，78%的个人破产缘于付不起医疗账单

"看病贵不贵，关键在保费。"观察美国人看病贵不贵，还应看美国的医疗保障水平。

迈克曾受雇于纽约一家大公司，那时公司给他全家购买了医疗保险。后来他工作变动，来到一家刚成立的小公司。由于该公司不能为其全家提供医疗保险，迈克的妻子只好自费投保，可是保险公司均以他们 6 岁的儿子患有多动症为由拒保。尽管也有政府专为儿童提供的医疗救助，但迈克的收入水平高于申请标准而无法获得。为了维持儿子的药物治疗，他们每个月要掏 300 美元的医药费，再加每次 150 美元的医生问诊费。

"美国多数公司及政府机构都为员工及其家人购买医疗保险，但在奥巴马医改前这只是公司福利，不是法律要求，因此一些小企业出于成本考虑并不提供。"家住纽约长岛的曾志雄介绍说，在高度市场化的医疗体制下，美国保险公司为了规避风险，在接受个人投保前，通常先对参保人的收入水平、身体状况等进行评估，若觉得这笔生意划不来，就会拒保或者开出"天价"保金。

如果付不起这笔保费，又没有迈克那样的支付能力，患者就只能坐以待毙吗？

奥巴马的"健康美国计划"

正是在这样的背景下，奥巴马在 2008 年竞选时就承诺，一旦当选，首要任务就是彻底改革美国的医疗体系，有效控制不断上升的医保费用。2010 年 3 月 23 日，美国总统奥巴马在白宫签署了《医疗保险改革法案》，是奥巴马执政以来最重要的立法成果之一，被称为美国社会保障体系 45 年来的最大变革，将对个人、企业和政府产生深远影响。然而同时该法案也是奥巴马执政以来最有争议的一项。美国民众在医改问题上也存在严重分歧，《纽约时报》与哥伦比亚广播公司 2012 年 3 月 26 日公布的民意调查显示，47%的人支持医改，36%的人反对医改。

美国社会的公共政策

　　根据奥巴马政府的"健康美国计划"，其医疗保障体系改革的目标主要有两个：

　　一是扩大医疗保险覆盖面。具体来说，第一，扩大 Medicaid（医疗补助）计划和 SCHIP（扩大州儿童健保）计划，把更多的穷人纳入医疗保障的安全网，把更多的儿童从私人健保纳入政府主持的健保。第二，要求大中型企业必须给职工购买医疗保险，对不愿意向雇员提供健康保险的大中型企业课税。第三，政府对小企业为职工提供医疗保险给予补助。在这一计划下，小企业为其员工参保费用的 50% 将以退税的形式返还。第四，由政府出面提供一套医疗保险计划，实现全国保险交换，允许民众从国有或私有公司中自由转换或购买保险，从而帮助没有医保或想更换医疗保险的个人购买新的负担得起的医疗保险。第五，加强对保险业的监管，不允许它们因为健康因素而拒绝客户或提高保费。

　　二是降低成本，提高效率。具体来说，第一，推广标准化的电子医疗信息系统，在不影响医疗服务质量的前提下减少医疗保健成本。第二，确保医疗机构为患者提供尽可能好的医疗服务，包括预防疾病和慢性病管理服务。第三，改革市场结构以促进竞争。在美国家庭支付飙升的保费时医药和保险业却收益颇丰，将通过增加保险和医药市场竞争来解决这一问题。第四，联邦为雇主提供再保险，降低灾难性疾病医疗费用。当灾难性医疗费用达到一定标准时，由政府提供一部分补助，但雇主要保证将这些补助用在降低员工保费上。

　　自 2013 年 10 月启动医改登记以来，许多美国人依靠政府补贴，生平第一次买到了医疗保险。应该说，奥巴马医改本质上是一项扩大社会福利的"良政"。然而，从出台到实施，该法案一直饱受争议，阻力重重。不仅共和党始终不遗余力地阻挠，就连民主党阵营的大产业工会也表示了不满。

　　思考：

　　奥巴马医改的目标之一是实现"全民医保"，但在实施的时候遇到了诸多困难。请你谈谈对奥氏医改的认识。

第五章
美国的教育政策

第一节　美国教育政策的历史演变

教育的移植阶段

（1）17 世纪至独立前是殖民地时期，这个时期的教育基本上是对宗主国教育模式的移植。

移民们按照自己的意愿办学，在不同的移民区有不同的教育模式。

（2）宗教的目的就是教育的目的，各教派办自己的学校，为本教派服务，是这个时期教育的另一个重要特点。

（3）"上学与不上学的人的区别就是阶级的区别。"这是人们对教育的态度。

独立战争时期的教育政策

（1）"受教育是每个公民的权利。"这是政府的法律。

（2）1791 年，美国《宪法修正案》中规定：凡是宪法未授予合众政府行使或禁止各州政府行使的各种权力，一律保留给政府或保留给人民行使之。而教育就在这种未授予也未禁止的由各州保留的权力之列。由此，各州便开始了发展本地教育的新探索。

（3）19 世纪 20 年代，全美掀起了一场轰轰烈烈的公立学校运动。公立学校的基本含义包括：①共同性；②公共性；③平等性；④国家性；⑤以税收为支撑的免费性。

面向 21 世纪的教育纲领：《普及科学：美国 2061 年计划》

为了使今天的儿童可以成功地适应 2061 年世界在各方面所发生的巨大变化，美国教育界提出了从 20 世纪 80 年代中期到 21 世纪初在基础教育的科学、数学和技术领域进行改革和革新的宏大设想。

美国高等教育系统的显著特点

美国的高等教育体制独树一帜，与其他国家有很大的不同。这与美国政治上的极度分权有很大的关系。总的来说，美国高等教育系统有八大特征：

1. 联邦制

美国是典型的分权制国家。美国国会规定，只要各州不违反宪法的总原则，凡是宪法中没有提到的具体事务都由各州自行决定，联邦政府不予干涉。教育就是宪法中没有明文规定的领域，因此，美国的教育事业包括高等教育均由各州主持。故而有一种说法：美国没有"国立大学"。

虽然政府是大学经费的主要提供者，但是其并不干预学校的各项事务，比如大学的入学标准、招生、学位的授予条件、教师资格的确认、学生后勤管理等。

美国也有教育部，但是，其权力和功能不同于其他国家的教育部，它只是教育经费的提供者之一。

2. 庞大的私立高校系统

美国最享有盛誉的高校大多是私立高校，像哈佛、耶鲁等。在美国，最好的和最差的大学都是私立的，这是美国高等教育系统中的一个特点。美国虽然也有公立高校，但是私立高校大多历史悠久，师资雄厚，教育质量过硬。而且与公立高校相比，私立高校更能满足民众的需求，所以大多数人还是愿意选择进入私立高校，接受一流的教育。

值得注意的一点是，私立高校学费高昂。私立高校经费多由私人捐赠，如康乃尔大学、霍普金斯大学等，这种传统的资金筹措方式对私立高校的建立和发展起到了重要作用。

3. 行外人士组成的董事会掌握高校管理权

与英国的牛津、剑桥模式校长治校、学者治学不同，美国高校的管理权大多掌控在校董事会手中。校董事会的组成人员，往往不是精通教育的教育专家，也不是精通管理的管理专家，而是一群"外行"。他们多为学校的创立者或继承者，或是其他专业出身，如律师、金融家、政治家、企业家甚至医生等。出现这种现象的原因，一是中央政府的主要职责不在于此，而且中央政府管理精力和能力有限，得不到公众的信任；二是从公众中产生的各领域的社会名流作为学校管理者，既可以有效地保障学校经费来源，又能使学校不受过多外界压力而独立发展以满足社会需求；三是排除了由教师或教育专家来管理学校导致的学校学术发展与其他各项利益产生冲突的可能性，从而使得他们可以在全局的立场上考虑公众利益。需要说明的是，这些外行管理者通常身兼数职，这也为学校筹措资金开拓了渠道。

在选择董事会成员方面，公立高校与私立高校也有不同之处。公立高校的董事会成员由公众选出，也就是大部分由州政府或镇长选出其人选，代表他们的利益；私立高校则是由董事会已有成员选择新成员。董事会对学术事务干涉较少，只把握大政方针，具体事务就是教授们的事了。

4. 学校经费来自于非政府部门或税收

在欧洲许多国家，教育是免费的。而在美国，教育属于私人产品性质的观念已经根深蒂固。美国家庭要为孩子支付高昂的学费，私立高校尤其如此。哈佛大学的学费为每年 11 000～12 000 美元，公立高校则相对低廉，如纽约州立大学为每年 8 000 美元左右。近来美国公立高校的学费也有上涨的趋势。因为对于学校来说，许多因素都是不确定的。州政府每年的拨款要视本州经济而定；私人捐赠更不确定，有无捐赠以及捐赠数额都是未知数。只有学生每年缴纳的学费是最确定的，学校要保证自身运作与发展，学费是最起码的保障。

5. 对公众和国家的利益及需求反应迅速

美国高等学校的运营一直都贯彻着市场模式。学校就是一个企业，学生就是它的顾客，学生向学校支付了学费，那么学校就必须给予学生需要的东西，比如满足学生的兴趣爱好，开设对他们以后就业有帮助的课程，培养学生于社会有用的知识技能，如此便形成一个良性循环：得到经费（学费）、社会捐赠——给予学生需要的知识——学生服务于社会——学校可持续发展。

除此之外，学校还需关注潜在的捐赠者比如尚未进入学校的那些学生及其父母。因为如果他们相信学校可以高质量地满足他们的需要与利益，那么他们就是广大的学校生源队伍或捐赠者。

通常，学校会派教师去一些企事业单位给员工上课，传授他们所需要的知识。这样做，一是可以得到报酬；二是促进学校教育与实践结合，与社会紧密联系；三是提高员工素质，促进企业发展，创造更大的经济效益，从而增加税收；四是获得更多捐赠。可以说，整个 20 世纪，美国的高校吸纳了更多的学生，更多地关注学生的职业兴趣，对公众利益的反应更加迅速和到位，从而获得了更多的资金投入。这也是一种良性循环。

6. 学术课程模式化

美国的高等教育有着开放的入学机会，着眼于学生的兴趣和职业需要，实行积累学分制等，这些都与美国高等教育的市场化紧密相连。所谓积累学分制，是指一个学生可以从一所学校转入另一所学校，其在前一所大学里修的学分在其他大学仍然有效，在多所大学里修的学分积累起来，只要总学分达到必修学分即可。

美国很多大学生为了修满学分，常常是先后在两个甚至几个学校学习。美国高等教育比较重视通识教育，即语言、人文、自然科学等方面的教育，每个入学新生都必须接受这些方面的教育，否则不能进行下一步的专业学习。所以，完成学业必修的学分中通常有 1/4 是通过这些通识课程获得的，而每个学校开设的诸如此类课程都是一样的，这为实行积累学分制打下了基础。一般来说，学生选择转校的原因有：一是专业兴趣中途发生变化；二是现实条件的限制，如性别、地域、不同学校的入学标准、毕业条件等。

第二节　美国的教育体制

美国孩子在 6~18 岁时属于中小学义务教育的部分。教育大概分为四个阶段，分别是学前教育、小学、中学及高等教育。在高中毕业前属于通才教育，到高等教育（学院、大学和研究所）才分为职业教育和一般教育。美国学制没有学力测验、大学联考，学生凭着在校成绩及 SAT/ACT 分数，自行申请大学入学。和许多国家不同的是，美国没有"国立大学"这种名称，义务教育由州政府来承担。在义务教育部分，只要你是合法居留人（持有绿卡），就有受义务教育的权利，且在美国受义务教育都是免费的，不必缴交学杂费、课本费。美国所有的中小学都为学生提供免费的课本，多数的课本是由上届学生传给下届学生，一直到不能用为止。此外，还有些练习本、作业本也不用买，而是由学校发的。不过，学生要自己买铅笔、橡皮擦、计算器，等等。

高等教育则分州立和私立两种。州立大学——州民可以享受较低的学费，外州学生和国际学生的学费则较高。私立大学则不分州民或外地生，学费都是一样的。此外，美国大学生在入学后前两年，即大一、大二时修读通识课程，到大三才会开始主修课程。另外，要攻读医科、法律等专业课程，要等大学念完毕业后，通过相关考试，才可申请。

初级教育

美国初级教育包含了托儿所和幼儿园（4~5岁）以及小学（6~11岁）阶段。学龄前儿童没有强制性的托儿所，不过有政府补助方案来资助低收入家庭的儿童，而大部分家庭需要自己支付托儿所的费用。

美国小学一般指学前一年级~小学五年级（幼儿园大班至小学），但有一部分小学提供教育到六年级，或是合并中学教育到八年级。大部分都采取班级制度，有班导师（相当于中国的班主任）制度，这位老师负责带一个班大部分主要课程。学生除了午餐时间，或是上体育、音乐、美术课可能到体育馆或特别教室上课以外，整天留在导师的教室内，并且没有如东亚学校的固定的下课时间。但是在教室里，导师可以给学生自由时间，有些教师会以自由时间的拥有或剥夺作为对学生行为的奖惩。另外在约40%的小学里，每天会有一或二次、每次10分钟或20分钟的户外活动时间。户外活动时间次数与时间长短，每个学校不一定相同。

中学教育

美国中学教育包含2年的初中（12~14岁）和4年的高中（15~18岁），从9年级~12年级，学生年龄通常在14~15岁到17~18岁之间。顺利完成12年级的学业，就可以拿到高中文凭了。

此外，未获得高中文凭的学生可以参加一般教育发展（GED）测试，获得证明其高中水平学业能力的证书。

大学教育

美国大学教育，通常分为四年制大学和社区大学。四年制大学的学生念完四年后将可以拿到学士学位，而社区大学通常是念两年，读完后可以拿到副学士学位。

研究所教育

美国研究所教育提供硕士学位、博士学位和专业学位，课程包含了硕士课程、硕士后高等教育课程、研究型学位和专业型学位（如医学、法学等）。硕士学位大约是 1～2 年的修业时间，其他学位可能就不一定，要看各个学校和科系的规定。

下面是美国教育体制表：

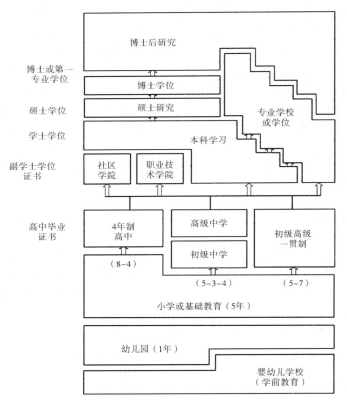

教育行政体制

对于实施和管理教育事业，美国以州为主体负担主要责任，地方承担具体责任，联邦具有广泛影响。

1. 联邦教育行政

美国联邦教育行政管理机构是内阁级的联邦教育部，由原教育总署升格而成。联邦教育部下设 14 个职能机构。教育部还设有若干顾问委员会，各顾问委员会的主要职责是向教育部提供制定、实施、检评、修改有关教育计划决策的建议，并且每年都要向部长和国会提交年度报告、总结和建议汇编。

2. 州教育行政

州政府的教育责权来自于州宪法，也来自于州立法机关和法院。它与联邦教育部没有直接的隶属关系。

州教育委员会是州教育决策机关。它的职责是：对全州公立学校系统进行监督；依据有关法令确定州教育政策；在某些州还指派州教育专员，根据专员的推荐确定人员任免；批准由专员制定的预算；提供教育咨询服务和教育资料；就本州的教育问题向州长和立法机关提出建议等。

州教育厅是州教育委员会的执行机构。州教育厅设厅长一人，副厅长若干人。

3. 地方教育行政

学区是美国管理学校的最基本的教育行政单位。学区包括基层学区和中间学区两种。

4. 高等教育行政

原则上各州拥有领导和管理高等教育的职权。但由于各州高等学校的类型、性质和传统不同，决定了各州高等教育立法和州介入高等教育的程度也不同，大致可分为三种类型：州设立集中统一机构管理全州高等学校；按高等学校的类型和层次分类管理；州教育局只负责协调和监督，充分发挥各校独立性。

以上所述只是三个不同的类型，事实上美国没有两所完全相同的大学，同样，各州也没有完全相同的高校管理体制。首先，高等学校的多样化决定了管理体制的多样化，从本州高校的实际出发，确立本州高校管理体制，不拘泥于某一种模式。其次，从州立大学系统到各个私立大学都实行董事会领导下的校长负责制。最后，董事会的成员大部分是教育界以外的各界人士，如企业家、律师、医生、家庭妇女、退休人员、州政府官员和学生代表，促使教育更好地适应社会各方面的需要。这些是美国高等教育的共同特点。

至于联邦政府，虽然不负有领导全国高等教育事业的责任，但它仍通过多种途径对高等教育的发展施加重大影响。

学制结构

1. 学制结构体系

美国各级各类教育在结构上相互衔接、上下沟通。按照法律的规定，美国公民不分男女、宗教信仰、民族、阶级，也不论居住地点和年龄，都有平等的受教育机会，一生都可以选修正式课程或参加非正式课程。这是美国区别于其他欧洲国家教育制度的一个显著特点，通常被称为单轨制。

美国现行学制还体现了统一性与多样性相结合的特点。由于实行彻底的教育分权制，美国没有全国统一的学制。

美国现行学制基本上是：初等教育和中等教育 12 年，高等教育 4 年，加上研究生院教育，总计学程为 20 年左右。

2. 义务教育制度

美国的义务教育，有 29 个州从 7 岁开始，16 个州从 6 岁开始，3 个州从 5 岁开始。义务教育的年限，长则 12 年，短则 8 年，一般为 9 年，通常到 16 岁结束。美国 50 个州都规定中学和小学为免费教育。

3. 学位制度

美国的学位主要包括：副学士学位、学士学位、硕士学位、博士学位。

各级各类教育

1. 学前教育

美国学前教育机构种类繁多，不管是公立的还是私立的，大致可分为保育学校（招收 3~5 岁的儿童）与幼儿园（招收 4~6 岁儿童）两类。

学前教育的宗旨在于：辅助家庭；通过各种活动，帮助儿童在饮食起居方面养成良好的习惯，使儿童能够灵活自如地运用身体各部分，发展体育技能，了解社会生活的行为准则和道德观念；学会一些读写算的基本常识，具有一定的表情达意、观察、尝试、思考和概括的能力，为儿童进入小学做好身心准备。

2. 初等教育

美国初等教育的机构为公立和私立小学。美国全国教育协会的"视导和课程编制学会"曾把小学教育宗旨概括为六条，具有广泛影响。这六条是：

（1）增进儿童的身体健康和发展儿童的体格；

（2）增进儿童的心理健康和发展儿童的人格；

（3）发展儿童对社会和世界的科学认知；

（4）发展儿童有效地参与民主社会的技能；

（5）发展儿童的民主生活价值观；

（6）发展儿童的创造能力。

小学开设的课程一般有：语文（阅读、说话、拼写、书法）、算术、社会（把历史、地理、政治、社会学、心理学等科目综合在一起）、科学（主要是自然常识）、美术和应用艺术、音乐、体育、卫生和劳作等。

美国小学德育工作，通常包括以下几方面内容：

（1）行为规范教育；

（2）道德教育；

（3）公民教育；

（4）纪律教育。当儿童入学时，校方就将学校的纪律和校规向儿童和家长交代清楚，以便保证课堂纪律和校园秩序。

3. 中等教育

按照美国学制，中学主要有四年制、六年一贯制和三三制三种。美国的中学以综合中学为主体，兼施普通教育和职业技术教育。也有单独设立的普通中学、职业技术学校、特科中学和其他中学。

关于美国中学教育的宗旨，1918 年美国中等教育改革委员会提出了"七大原则"：

（1）保持身心健康；

（2）掌握基本技能；

（3）成为家庭有效成员；

（4）养成就业知识和技能；

（5）胜任公民职责；

（6）善于利用闲暇时间；

（7）具有道德品质。

美国中等教育的实施一般围绕中学的三项任务——教学、指导和服务来进行。

中学的课程分为两类：一类是学术性科目，如英语、社会、理科、数学、外语、人文；另一类为非学术性科目，如卫生、体育、家政、音乐、美术、工艺等。

教学组织形式主要是分级制，也有其他分组办法。

4. 职业技术教育

美国职业教育的对象根据 1963 年《职业教育法》划为四大类：

（1）中学在校生。

（2）想接受职业教育的中学毕业生或肄业生。

（3）早已进入劳务市场——就业、待业或失业，为了保持现有的工作，改善他们的工作和（或）寻找合适的、有意义的职位而需要继续培训者。

（4）因学术、社会、经济或其他方面的缺陷而难以在常规教育计划中获得成功者。

职业技术教育的宗旨在于把教学与科学原理、技巧和技术训练结合在一起，帮助青年人或成年人找到工作或搞好他们现有的工作；同时给予受教育者以普通教养，使之成为了解经济的、能社交的、热情的、体质好的和文明的公民；还应对受教育者从事相应工作的能力、态度、习惯和判断能力进行培养和锻炼。

在课程设置上，文化课与职业课的比例以及理论课与实验实习课的比例，视职业要求和学校类型而定。普遍重视实际训练，把培养实践技能放在首位。

5. 高等教育

美国高等学校的突出特点是数量多、层次多、类型多、形式多。

教育宗旨为每个人以及他人和社会的利益，帮助他们把能力发挥到最大程度；通过研究及学术成就扩展人类的知识和幸福；通过相应的和适应的服务，满足社会的需要。

教育实施基本上是围绕着教学、科研、服务三大任务进行的。

6. 师范教育

（1）教育机构。美国培养中小学教师的任务由文理学院、综合大学和师范学院承担，其数量约占高等院校总数的80%。承担培养师资任务的文理学院和综合大学，均设有教育学院或教育系。凡师资培养机构的创立和师范课程的开设，必须经有关部门承认，否则其毕业生就不能取得本州教育行政机关颁发的教师许可证。

（2）教育宗旨。美国师范教育的宗旨，在于使中小学师资具有：广博扎实的文理基础知识，较高的文化修养；深刻的学科专业知识，较高的学术水平；高尚的道德品质、理智的行为和坚定的专业信念；教育和教学的基本理论、方法和技能，具备实际教学能力；健全的体魄。有些院校还把了解和热爱儿童、善于和乐于与他人合作和交往、具有民主观念和献身精神、行为文明和举止端庄以及有效的口头和书面表达能力等包括在宗旨之中。

（3）教育实施。课程设置是实施师范教育的中心环节。师范教育四年制本科课程有：普通教育课程，包括英语、社会科学、人文科学、数学和自然科学、保健和体育等方面的内容，在全部课程中占40%左右；学科专业课程是按照师范生毕业后拟任教的学科设置的，在初等教育专业和中等教育专业中都占全部课程的 40% 左右；教育专业课程，包括基础教育理论课程（如教育基础、教育导论、教育史、初等或中等教育原理等）、教育方法与技能课程（如教育心理学、发展心理学、教育评价与测量、教材教法、普通教学法、视听教育等）、教育实践活动（通常由临床实践、现场实践和教育实习几部分组成）。这类课程在全部课程中占 20% 左右。教育实习在教育专业课程中地位突出，其学分数占这类课程学分总数的 1/3 以上。

（4）在职进修。在职进修是师范教育的有机组成部分，受到同样的重视。由高等学校和专门的教师进修机构共同实施，承担教师进修任务的高校占高校总数的 80%。在职进修的组织和形式是很多的，主要有：暑期学校（假期学校）、大学进修部（大学研修部）、教师讲习所（教师研习会）、教师读书会等。

20 世纪 80 年代教育改革的主要原因

进入 20 世纪 80 年代，美国社会由工业化社会向信息化社会发展，工业生产逐渐从以劳动密集型为主转向以知识密集型为主。所有这些都要求工人接受高中以上的教育，具有较高的文化科学水平，以适应新技术革命的挑战。同时，在国际竞争中，美国面临着来自日本、联邦德国等盟国的挑战。美国朝野人士认为，竞争的实力来自于科技发展，而科技发展又依赖于教育。1983 年 4 月，美国高质量教育委员会发表《国家处于危机之中：教育改革势在必行》的报告，指出"我们国家正处于危机之中。我们在商业、工业、科学和技术发明上一度处于无人匹敌的领先地位，但现在正被全世界竞争者超越"，这种危机的根源在于"经过训练的能力在全球范围的再分配"，而美国的教育明显地落后于它的竞争对手。美国教育被越来越严重的成绩平庸所困扰，表现为功能性文盲大量增生，教育质量持续下降，学校纪律涣散，学生犯罪率上升。报告认为这种教育成绩平庸在很大程度上是教育过程本身存在的缺陷造成的，如课程设置庞杂、中学毕业要求低、学习时间短、师资水平差、数量短缺，教育经费不足，管理不善等，因此，必须全面改革美国教育。这份报告的发表引起了全体美国人民的广泛关注和讨论，由此拉开了美国教育改革的序幕。

20 世纪 80 年代教育改革的主要措施

1. 改进中小学的教育质量

（1）调整课程结构，提高毕业标准，各州纷纷增加必修课的比例。

（2）增加学习日，延长学习时间。

（3）加强道德教育，整顿校纪校风。1989 年美国课程发展与管理协会提出加强学校道德教育的报告，指出：道德教育应与学校教育整体课程有机地联系，成为课程的必要组成部分；将父母、大众传媒、商业界、市民和宗教团体联合起来，创造一个道德教育的"社会文化环境"；同时整顿学校生活，使道德实践有利于培养学生正确的道德观念；使道德教育超越认知领域，要让学生参与道德实践，对善恶做出自己的判断；道德教育要注重培养学生的批判性思维和决策能力；为教师和管理者确立明确的道德教育目标，使其担负起学校道德教育的责任；把道德教育纳入师范教育计划，保证未来的教师善于进行道德教育。

（4）重视创造力的培养。开设思维方法课、创造方法课和创造活动实践课程。

2. 师范教育的改革

（1）建立全国性教师资格审查机构，以制定全国统一的、高质量的教师资格标准。

（2）要求所有教师必须经过研究生阶段的培训。

（3）培养一批优秀的、富有经验的教师，负责重新建设学校和指导教师的工作。

（4）建立教育成绩奖励制度，奖金的发放以学生的成绩为准。

（5）把教师工资提高到与律师、医生、工程师相同的水平。

（6）大力培养少数民族教师。

（7）调整学校结构，以创造合适的环境。

（8）把取得文理学士作为任教的专业条件。

1987 年 5 月，美国正式成立全国教师资格评审委员会，以保证教师的培养质量。

3．高等教育的改革

（1）重新审定各级学位标准，这些标准应以社会和大学对课程学术水平的认定为基础。

（2）大力提高课程质量，提高对能力和技能的要求。

（3）加强管理，使学生把时间、精力和金钱有效地用于学习，并致力于达到标准。

1986 年 11 月，美国卡内基教学促进基金会发表《美国高等学校的本科教育》的报告，建议：

（1）密切大学和中学的联系。

（2）新生入学后应进行考核，凡基础课程不合格的必须补课。

（3）明确办学指导思想，即本科教育的主要任务是教学而不是科研。

（4）加强本科阶段的综合化核心课程的建设。

（5）所有大学应建立与"科研名教授"同等的"教学名教授"称号，给予教学效果显著的教师以特殊地位和待遇。

（6）评定学业成绩应有一定的标准。

《不让一个孩子掉队法》

在美国，不同背景、不同种族儿童的学业成绩相差巨大以及美国公立学校质量一直不高的问题长期困扰着美国政府。据专家估计，1998 年在全美中学生中，有 1 000 万学生不会基本的阅读；2 500 万学生不知道美国最基本的历史；美国高中生中有 2 000 万人不会基本的计算。而且，在 20 世纪 90 年代经济扩张时期，全球经济中出现了新的巨大的挑战。这要求美国的劳动力和与之相关的美国工商业界要做出新的调整。因此，在这严峻的社会和时代背景里，美国总统乔治·布什（小布什）上台伊始便颁布了《不让一个孩子掉队法》（No Child Left Behind Act）。

《不让一个孩子掉队法》是美国总统乔治·W. 布什提出的旨在提高全美中小学教育质量，缩小不同背景、不同种族儿童学业成绩差距的一项教育改革法案。作为布什政府的内政纲要的重点，该法案显示了政府对教育改革的坚定决心。为了重塑民众对公立学校的信心，美国政府从 20 世纪 80 年代开始先后提出了一系列教育改革法案，如：80 年代的《国家处于危机之中：教育改革势在必行》，1990 年的《国家教育目标》，1994 年的《美国中小学法案》，1999 年的《全体儿童教育优异法案》以及《美国 2000 年教育目标》。《不让一个孩子掉队法》与这些法案一脉相承，在加强联邦政府对教育的作用以及加大对教育改革计划的资助力度方面显得更为突出，显示了布什政府对教育改革的坚定信念。同时它也清楚地表明了新世纪美国教育改革和发展的目标：每个孩子都应该接受良好的教育。也就是说，不允许任何一个孩子在学业上掉队，每个孩子都必须学会学习。

美国政府为了支持该法案的实施，已经投入了几十亿美元，在 2007 年的国情咨文中，小布什总统再一次强调要加快落实《不让一个孩子掉队法》。

该法案在提高公立中学学生学业成绩尤其是在促进少数族群学生学习进步方面成效显著。联邦政府下决心提高中小学教育质量，增强美国儿童应对挑战的核心理念已深入人心。不过，此法案也遭到了社会的许多质疑和反对，因为该法案只强调数学、英语和科学的重要性，忽略了其他学科。

2002 年 1 月 8 日美国总统布什签署《不让一个孩子掉队法》，标志着美国新一轮的教育改革的开始。这部法案的颁布从法律形式上规定了学校必须提高教育质量，改进教学方法，并为各州和学区的教育提供更多的自由，为家长提供更多的选择。法案规定各州必须建立可以测量的教学标准并以统一开始的方式对学生的成绩进行跟踪，教师、校长、学校和学区必须为提高学生的成绩负责，从而改善整个国家的教育质量。这也标志

89

着教育绩效责任制发展到了前所未有的高度。教育绩效责任制的核心主要是三个方面：标准、评估、奖惩与干预。具体而言，学校首先要界定应该教给学生的知识、技能等能力水平的标准；其次是对学校的各项工作进程和结果做出评估，判定是否合格，是否需要改进；最后由政府奖励有成效的学校、老师和学生，惩罚没有达到目标的成员，并施加干预以促使其改变行为，改善绩效。为推进法案的顺利实施，联邦政府加大了教育拨款力度，在为各州提供基本教育资助的同时，不断加强专项基金的补助，为教师培训和新教学方法的研究等提供资金支持。

　　各州政府也表示，愿意支持那些没有达到《不让一个孩子掉队法》教育要求的学校。结果，目前有 36 个州计划为低效的或者进步不大的学校提供帮助。坚持为低效学校提供帮助的州逐渐增加，从 2002—2003 学年的 22 个州和哥伦比亚行政区增加到了 2003—2004 学年的 27 个州。而对有改善的或者高效的学校提供资助的州却减少了，从 2001—2002 学年的 20 个州减少到了 2002—2003 年的 16 个州，部分原因是因为经济不景气。

　　美国基础教育政策的制定与实施，旨在解决基础教育的现实问题如政府职责问题、课程问题、教师问题、教育机会均等问题、评价问题等，其最终目的是实现"人人享有优质教育""保障教育机会均等，提高教育质量"的目标和理念。公平、效率、优异和选择的公共价值取向深深地扎根于美国的教育政策中。从《不让一个孩子掉队法》到《力争上游计划》是小布什政府和奥巴马政府时期最为典型的教育政策。这两个教育政策的实施也是共和党和民主党多年来妥协、博弈的结果。《不让一个孩子掉队法》突出了对于"优异"的偏好，忽视了"公平"的价值观；《力争上游计划》则是通过最大的财政拨款制度提升学校的效率和基于市场逻辑的价值选择。总体来说，美国不同时期教育政策的出发点都是公平和效率。《不让一个孩子掉队法》和《力争上游计划》都显示了美国政府对于教育的影响力在不断加强，导致了学校治理结构的变化。其中，公共价值取向对于教育政策的制定产生了重要的影响。

第三节　美国的初等教育

　　美国初等教育主要由三级政府：联邦政府、州政府和地方政府（学区）控制和资助。小学和中学，课程、资金、教学和其他政策都由当地选举产生的学区委员会决定。学区通常根据官员和预算与其他地方事务分开。教育标准和测验标准通常由州政府制定。

　　在美国，教育管理是州或地方政府的责任，而非联邦政府。不过，联邦政府教育部可以通过控制教育基金来施加一定程度的影响。学生有法定义务在公立学校接受从幼儿园到 12 年级的教育；通常，18 岁才可以毕业，但是许多州允许 16 岁以上的学生离校。除了上公立学校，家长也可以选择在家教育孩子，或送他们去教会学校或私立学校。高中毕业后，学生们可以选择上公立或私立大学。在美国，16 ~ 18 岁之前必须在学校就读。现在许多州要求必须就读到 18 岁。有些州规定必须就读到 14 岁。学生可以进入公立学校、私立学校或家庭学校就读。在多数公立和私立学校，教育分为 3 级水平：小学、初中和高中。美国有 7 660 万学生在 16 个年级就读。其中，在义务教育阶段，有 520 万人（10.4%）在私立学校就读。在美国成年人口中，有 85% 中学毕业，27% 获得学士学位以上学位。该国 15 岁以上人口的识字率为 98%。美国的平均教育水准极高，联合国的经济指数调查将美国的教育水准列为世界第一。

第四节　美国的高等教育

美国高等教育的背景

殖民地时期，美国大学的特点就是它的管理权在校外，由校外人士组成的校监委员控制学校。美国的高等教育发轫于1636年成立于马萨诸塞州的哈佛学院，随后建立起九所学院，一起构成殖民地学院。美国高等教育的模式，受到不同历史力量的影响（西欧和本土），两者相互作用，使落脚在这片新生土地上的人们受到传统和民主思想的双重碰击，萌发出一种真正有特色的高等教育制度。

美国高等教育的定义

美国高等教育泛指美国高中生在毕业后所接受的各种教育。这些教育由不同类型的大专院校提供。美国很多大学也有很浓厚的研究气氛及不同的教研成果，故每年都吸引了不少国际师生前来工作或求学。全美高等院校种类繁多，公立大学、私立大学、文理学院及社区学院各担当不同的角色。网上教育（如大规模开放在线课堂）、职业训练课程、学费问题，成为美国高等教育的热门话题。

美国高等教育的类型

第一类为研究院大学。它们以基础性、学术性研究著称，设有庞大的研究生院，能授予博士学位，有450所以上，其中最著名的有哈佛大学、普林斯顿大学、斯坦福大学、麻省理工学院、加州理工大学、霍普金斯大学、加州大学伯克利分校、康乃尔大学等20多所。在这些大学的周围，形成了一个个集教学、科研、开发和新兴工业为一体的高新技术产业中心，如美国东部的波士顿—剑桥—128公路中心、西部的"硅谷"中心、南部的航天中心等，密切了教学与生产的联系。教学与生产互相渗透、互相融通，形成合力，使创新思维—科研成果—新产业新产品三者的转换链非常畅通，高效地转化为高经济效益，成为新的经济增长点，进而推动整个社会产业经济结构的更新换代。

第二类为本科大学。它们是以 4 年制为主的综合大学及学院，如文理学院、理工学院、工商管理学院、林业、矿业、农业、新闻、建筑、家政等学院，多为州立大学，培养目标为中级科技、学术及专业人才，学生修满 4 年即被授予学士学位。这类大学超过 1 600 所。

第三类为社区学院。它包括 2 年制的普及学院和技术专科学院，招收高中毕业生中成绩一般和同等学力的学生，毕业时授予学士（副学士）学位。1995 年全美有 1 462 所（其中私立 415 所），占全国高校总数的 40%。在校人数 549.3 万，占高校总人数的 38.5%。社区学院的任务除为社会各行业对口培养专业熟练的劳动技工与职员外，还为那些想继续升入本科大学的学生架起一道桥梁，可考入本科大学三年级续读。

第四类为开放大学，也称为"无墙大学"，包括广播函授大学、暑期大学、夜间或业余大学、实验大学、自由大学等，使大学向社会各阶层、各年龄层次敞开大门，经标准考试及格者均可获得相应学位。

美国实行学分制，教师在每学期开始时给学生布置大量的阅读书目和材料，培养学生自学和学术研究能力，在此基础上争取获得每科 6~18 个学分。四年制的本科生要想获得学士学位，必须按规定修满 120~128 个学分，通过考试和撰写学位论文，合格后才能获得学位。此外，美国高等院校规定，大学毕业获得学士学位后才有资格继续攻读硕士学位。学位体制采用五级制，即：副学士、学士、硕士、博士、第一专业学位。其中，硕士学位分为两种：一种必须撰写学位论文，另一种不要求写论文，但对学分有更高的要求，同时还要进行口试和笔试。硕士学位学制通常为 2 年，博士学位学制为 2~3 年。博士研究生由几名专家和教授组成的指导小组负责指导，专业考试合格并通过博士论文答辩后即可获得学位。美国奉行的教育模式极大地激发了美国大学生的无限潜力，学生既能做自己喜欢做的事，也能与教授一同研究相关课题。这种以自学为主的模式更好地激发了人的创造潜力。

美国非常重视各类大学的定位，政府对公立大学一般也都有明确的定位要求，甚至通过立法来加以规定。大学一旦定位明确后，就成为教职工、学生共同追求的目标。大学追求办学特色，追求学校、学科、专业及培养人才的个性，追求与其他学校的差异，努力打造自身的社会品牌形象。在不同学校之间，形成分工明确、竞争有序、合作共赢的高等教育体系。

美国教育系统

完善的教育系统给更多的美国人提供了受教育的机会，高等教育的普及也赋予了更多的美国公民受教育的权利。多种高等教育方式，让美国公民拥有更多的选择空间，高等教育不再是"象牙塔"，而是更加具有职业倾向。

美国高等教育政策的问题

美国高等教育的"多样化"产生了一系列问题。不同文化传统的大学生如何相互交流，美国高等教育中的种族问题，不同文化的差异性，高额的学习费用，等等，一直是美国高等教育中存在的问题。

美国高等教育领域中的利益团体对高等教育的发展所产生的影响问题。美国公立高等教育领域主要有以下几个利益团体：董事、校长、教职员工、公会团体、学生。

（1）专业教育团体和教师联合会长期在华盛顿进行游说，争取联邦增加对教育的财政支持。

（2）近几年，公民群体、家长、纳税人和雇主纷纷发起了让学校回归基础教育的运动，强调阅读、写作能力和数学能力，要求对学生技能进行经常性的测试以及提高教师的职业能力。

（3）学生团体更加关注公立学校和私立学校不断增长的学费，争取学校的补助。而学校方面，目前公立大学和私立大学在争取毕业生和慈善基金会的经费上进行着激烈的竞争。

各高等教育利益团体对高等教育政策的发展产生了至关重要的影响，各利益团体在争取各自利益的同时，间接地促进了高等教育政策更加平等化，教育政策与利益团体的冲突也表明美国高等教育还不够完善，还需要更多的修正以及发展。

美国高等教育中有关宗教的问题，以及《宪法第一修正案》中"禁止确立宗教"条款认为应该在州和教会之间建立"隔离墙"的争论。宗教团体、私立学校的利益集团和公立学校的维护者经常就教育领域的宗教问题展开斗争。

美国针对高等教育的主要政策

1. 主要针对高等教育"多样化"的法律

（1）美国《宪法第十四修正案》提到"所有的州……不能否认任何人都受到法律的平等保护"。

（2）《民权法案》第六条规定，实行联邦财政资助时，禁止基于种族、肤色和出生地的各种歧视。

多种法令的颁布，在一定程度上缓解了种族歧视问题，但在一些教育相对薄弱的地区，仍存在较为严重的种族歧视。高额的学费也是限制一些黑人以及外国留学生就学的一个原因。但目前随着亚裔留学生大量进入美国大学学习，以及美国歧视黑人问题的缓和，大多数州已经逐渐颁布法令，对留学生进行经济支持。

2. 美国针对高等教育中宗教问题的政策

《宪法第一修正案》中有"禁止确立宗教"条款。这个法令也是各宗教团体主要争论的问题，而公立学校便是这些争论的主要场所。美国最高法院作为教育集团和宗教团体的仲裁者，必须对《宪法第一修正案》的"禁止确立宗教"做出解释，以此来缓和教育集团和宗教团体间的冲突。

3. 1862 年《莫里尔法》

它是美国高等教育史上的第一个法案，也称《赠地法案》。联邦政府拨地给各州，以建立农工学院发展农业技术教育，或是通过土地租金发展学院。赠地学院比较偏重于应用学科的教育，培养农业、商业、工业以及日常实际生活技能和技术的实用型人才。而且，农工学院的教学与农业科学研究紧密结合，教授、专家可以在农业试验站里进行试验并将研究成果直接用于农业生产，这是赠地学院的直接贡献。

4. 1890 年《第二莫里尔法》

该法案在 1862 年法案基础上进行了修正。该法案规定对于已建立或即将建立的农工学院，政府每年增加拨款。同时，它要求各州必须立法对资金使用的有效性进行监督。此外，南北战争的结束意味着黑人的解放。该法案的一个显著特点即是要求农工学院对黑人开放或者另外建立让黑人能够接受教育的农工学院，一视同仁地让黑人与白人接受同等的教育。

5. 1944 年《军人再适应法》

美国为了解决战时所需的专业人才以及维护战后社会的稳定，通过了较多关于军队教育与培训方面的法案，它们都直接或间接地涉及了高等教育。在众多有关军人教育方面的立法中，影响最大的首推 1944 年《军人再适应法》，也称《军人权利法案》。

从表面看，该法律是为补偿二战期间为国家做出贡献的军人，其深层原因则在于避免战后可能出现的高失业率和社会不稳定因素等情况的发生。该法案的实施，使许多缺少文化和技能的军人迅速成为社会的有用之才，也间接地促使高校办学创新，如招生的灵活性、高校扩招后如何发展及怎样办好函授、短期课程、个别辅导与补习等多种形式的非正规教育；同时，也改变了美国人对谁应该上大学的思想观念。

需要指出的是，《莫里尔法》和《军人再适应法》并不是为了高等教育而制定的。它们的最初目的是经济发展、社会稳定。

6. 1958 年《国防教育法》

苏联于 1957 年成功发射第一颗人造卫星，使美国认识到自己的生存空间和优势地位受到挑战。美国联邦政府开始以"教育与国家安全密切相关"的思想引导高等教育。1958 年《国防教育法》被美国教育界誉为"美国教育史上划时代的文献"，其对刺激自然科学的发展起到了很大的作用，同时还设立基金对研究生及其研究项目提供资助，并为学生提供了联邦担保贷款。

7. 1964 年《经济机会法》

该法案规定，联邦政府设立联邦基金，拨款给州政府，由州政府拨款给大学，引入勤工俭学计划，给困难学生提供经济资助。该项法案使美国高校入学率激增，高等教育从精英教育走向大众教育。

8. 1965 年《高等教育法》

20 世纪 60 年代，美国高等教育法治的目标主要集中于解决由贫困、种族与少数民族歧视问题造成的教育机会不均等方面的问题。

在此法案中，联邦政府增加了对教育的资金投入，建立教育机会均等计划和学生贷款计划，以贷款、政府奖学金、学校助学金等形式给学生提供经济资助以完成中学后教育或大学教育，使美国的普通教育以及高等教育改革有了较大发展。

9. 1972 年《高等教育法修正案》

这是继《莫里尔法》和《军人再适应法》之后的第三个重大教育法案。它解决了资源分配不均衡的问题并赋予学生自由选择学校的权利。针对当时政府拨款的使用是否到位问题，该法案建立了保证政府拨款用于学生的基本资助计划（如佩尔奖学金），使政府资金得到有效使用。由于拨款直接划到学生个人手中，所以他们可以根据自身条件自由选择学校。这项法案改变了以往的游戏规则，从另一个角度反映了美国高等教育市场化的倾向。

10. 1976 年《高等教育法修正案》

该法增加了助学计划，鼓励学生取得好成绩，同时，将高校的相关信息多方面地公布于众，让家长和学生对学校的选择更为明智。

11. 1978 年《中等收入家庭学生资助法》

以往的法案中，对获得政府资助的学生家庭收入有明确规定，政府拨款主要用于贫困家庭学生。这对所有纳税人来说是不公平的。在此背景下，联邦政府颁布此法案，放宽了对中等及以下收入家庭学生的贷款限制，让更多学生能够依靠贷款完成学业。

12. 1986 年《高等教育修正法》

该法案限制了学生获得联邦资助的条件，规定了一个全日制学生一年可以获得的最高资助额度，赋予资助提供者监督学生有效使用资金的权利。

13. 1998 年《高等教育修正法》

在此项法案中，联邦政府提高了对单个学生的贷款额度，建立了相应组织以改进学生还款机制。同时依据学生的信用和学校的信誉决定是否对学生贷款以及贷款的数额。

联邦政府的资助：联邦政府在高等教育支出中分担的比例很小，大概只占 10%。州政府通过财政支持本州的大学和学院，承担着高等教育的主要责任。

联邦从拨款转向贷款：每一年联邦政府发放贷款的力度大于助学金。在所有贷款中，学生贷款拖欠比例已经达到 8% 左右，这一数字将会使国家的个人信贷业破产。美国教育部在寻找解决这些拖欠贷款的补救方法上一直动作迟缓。

联邦政府给学院和大学提供高等教育资助，主要以学生补助等多种形式发放。基本教育基金会向大学生提供本应由他们的家庭支付的费用。而且，联邦政府还直接向学生和其家庭提供贷款。贷款的平均额度大约为 4 000 美元，通常在学生毕业或离开大学时才开始还款。

联邦对研究的支持：联邦政府对科学研究的支持也对高等教育产生了重大影响。美国在 1950 年设立了国家自然科学基金（National Science Foundation，简称 NSF）来促进自然科学的研究和教学。国家自然科学基金为自然科学专业的研究生提供奖学金，资助了很多自然科学项目，还支持自然科学研究中心的建设与维护。1965 年美国国会设立了国家艺术捐助基金（National Endowment for the Arts）和国家人文科学捐助基金（National Endowment for the Humanities），这些领域的资助只是国家自然科学基金的一小部分。在联邦政府的资助下，科研已经成为大学的一个重要部分。

美国的高等教育起源非常早，发展也相当快，美国州政府自殖民时期就已经参与了了高等教育。美国东北部的州政府常向本州的私立大学学院提供资助，这一做法持续到现在。通过州立法批准建立的第一所大学是 1794 年建立的佐治亚州州立大学。在内战爆发前，东北各州几乎无一例外地依靠私立学院，而南方各州则在公立高等教育领域处于领先地位。

美国联邦政府每年的财政支出中，教育经费占 16% 左右，但是相对于义务教育而言，用于高等教育的支出却很少，主要由州政府承担高等教育经费的责任。

第五节　从美国教育战略的发展历史看美国的教育霸权

众所周知，美国已经成了一个世界强国。这是一个一直追求霸权主义和扩张主义的国家，因为它是北美洲实力最强、人口最多的国家。但它为什么能成为当今世界的"巨无霸"呢？孙大廷先生编写的《美国教育战略的霸权向度》主要研究美国实施国家教育战略的历史，并对其教育战略进行初步解析，探讨了美国实施国家教育战略的条件，研究了美国实施国家教育战略目标的路径选择，认为国家主义是国家教育战略得以实施的前提，联邦政府借助经济手段来引导和调节国家的各级各类教育活动，实施科学教育提升了教育战略的空间，追求高质量和教育的不断超越是美国教育层面的战略目标；同时探讨了教育对科学技术的促进作用，主要研究美国教育战略的具体目标。由于美国教育战略以联邦政府管理教育国家主义倾向不断加强为前提条件，所以美国教育战略的目标定位只能是国家利益。

这本书全面而系统地讲述了美国教育霸权形成的原因以及美国教育战略目标的核心价值。教育是为人们的生活服务的，它的本意是促进一个人的身心健康发展，无论它的教育形式是散漫的还是严格组织的、是系统的还是零碎的，都能够对人的思想活动造成影响，也能提升人的知识和技能。尤其是在接受高等教育时，没有中学阶段的约束，就应该追求一种自由向上的发展。

教育有很多向度，世界上的很多国家都存着这几个向度：提升国家的科技水平、促进生产力的发展、提升国际地位、复兴本民族、完善政治制度、拓宽本民族的文化影响力等。在美国，这些则不是他们最重要的教育向度，在教育掩盖之下，霸权才是他们最重要的向度。

《美国教育战略的霸权向度》一书，主要从美国教育的战略发展历史展开，把美国的教育战略发展分为四个时期，最早的就是南北战争时期的《莫里尔法》，接下来就是20世纪50年代的《国防教育法》、20世纪60年代的《高等教育法》、20世纪70年代的《生计教育法》，第三个阶段就是迎接新世纪的《2002—2007教育战略规划》，最近一阶段比较突出的就是小布什总统签署的《不让一个孩子掉队法》。

在美国，每个发展阶段都有自己独特的发展战略，从这一点我们能看到美国和其他国家的区别。如果处在一个特殊的历史时期，或者是国家有什么危急情况，美国就表现出其独特的思维方式，他们认为只有教育才能改善国家的情况。举个例子：美国刚独立的时候，有很多的宗教团体，而这些团体垄断了教育，只有一些贵族子弟才能接受教育。针对这一情况，美国政府就出台了世界上第一部《义务教育法》，这是人类文明的一个巨大进步。在西进运动后，很多美国人进驻西部，但西部的环境太过恶劣，阻止了人类文明的发展。在这种情况下，政府就制定了《莫里尔法》，政府还在西部地区斥巨资建设了很多以农业和工业教育为主的学院，为西部的工业发展打下了基础。在第二次世界大战结束之后，很多军人退役，国家和社会不知道对这些人该如何安排，美国政府就出台了一些政策，让这些军人接受免费的教育，学得一技之长，然后提供相应的岗位。2001年美国发生了"9·11"事件，这对美国甚至整个国际社会都造成了很大的影响。该事件发生后，美国政府就认为这个世界强者和弱者的区别就在于弱者容易把恐惧复杂化。所以，美国政府就对自己国家的教育战略做出了重大的调整，小布什总统出台了《不让一个孩子掉队法》以促进教育的全面发展。

从上述情况我们可以知道，美国在全球的霸权地位之所以一直没有其他国家能撼动，根本原因就在于美国的教育。我们都知道教育不仅是社会发展的原动力，还是社会发展的风向标。美国的历届政府都非常重视教育，他们认定国家的目标就是追求这个世界的霸权，政府出台的所有政策都是为这个目标服务的。他们能够认识到教育在国家发展和国家安全中的重要作用，在不断加强政府对教育的管理和干预的同时，制订了一套行之有效的国家教育战略规划。

我们可以看到，美国政府自从独立战争以来，就一直在追求世界霸权主义。这种向度无处不在，不管在经济上、文化上还是在政治上，都贯穿着教育这一灵魂。教育在这个国家的发展和称霸过程中一直起着非常重要的作用。

当今世界，和平与发展是两大主题，这与美国的霸权主义相违背，这也是美国霸权主义一度衰落的原因。在这样一个大变动时代，只有发展好自己才是硬道理，才能在这个世界拥有立足之地。

内容回顾：

本章运用团体主义模型分析教育政策。教育政策影响着不同方面的利益，反映了美国社会各种有冲突的需求，以及多种利益团体对多种多样的相互冲突的目标的选择。本章论述了美国教育政策的演变历程及其教育体制，系统介绍了美国的高等教育和初等教育。值得注意的是，美国保持在全球的霸权地位很明显地依赖于美国的教育战略。

学习本章，应重点掌握下列几个知识点：美国高等教育系统的显著特点、《不让一个孩子掉队法》、美国的初等教育、美国的高等教育、美国的教育霸权。

复习思考题：

一、选择题

1. 早期的联邦政府"把联邦政府的土地提供给各州，用于建设农业和机械学院"属于下列（　　）法案。

    A. 1862 年《莫里尔土地划拨法案》(Morrill Land Grant Act)

    B. 1917 年《史密斯—休斯法案》（Smith-Hughes Act）

    C. 1965 年《初等和中等教育法》 （the Elementary and Secondary Education Act，ESEA）

    D. 1981 年《教育合并与改进法》（the Education Consolidation and Improvement Act）

2. 在对学生补助时，联邦政府还直接向学生（通过联邦直接的学生贷款项目）和家庭（通过联邦家庭教育贷款）提供贷款。贷款的平均额度大约为（　　）。

    A. ＄2 000

    B. ＄4 000

    C. ＄6 000

    D. ＄8 000

3. 美国前总统乔治·W．布什提出的旨在提高全美中小学教育质量，缩小不同背景、不同种族儿童学业成绩差距的一项教育改革法案是下列（　　）项。

    A.《不让一个孩子掉队法》

    B.《国家教育目标》

C.《美国中小学法案》

D.《全体儿童教育优异法案》

4. 下列（　　）项不属于美国初等教育中的三级政府对学区的控制和资助。

A. 中央政府

B. 联邦政府

C. 州政府

D. 地方政府

5. 下列（　　）项涉及高等教育中不同的文化传统的大学生如何相互交流、美国高等教育中的种族问题、不同文化的差异性问题。

A. 群体性

B. 多样化

C. 争议性

D. 平等化

答案：1. A　　2. B　　3. A　　4. A　　5. B

二、思考题

1. 在美国，有人认为要加强测验以回归基础教育，让学生通过学校最低能力测验以更好地掌握基本技能。但也有人认为测验会导致狭隘的应试教育，而不是对今后的人生进行全面准备，并且少数族裔的领导者也反对测验，认为其具有种族歧视，因此要加强素质教育。请谈谈你的看法。

2. 说说美国高等教育系统的特点。

第六章
美国的经济政策

第一节　美国经济的发展历史

美国是建国历史最短、发展最快、实力最强、富有活力的大国。建国迄今历史只有 200 多年，远较其他大国年轻。美国是世界上发展快速的大国。在 1607—1775 年不到一个半世纪的时间里，由土著印第安人为主的母系氏族社会阶段过渡为带依附性的资本主义性质的殖民地。1815—1894 年的 80 年间，美国又从一个发展中国家一跃而成为世界第一工业化大国。而 1898 年以来的 100 多年间，美国的现代化和后现代化水平、科学技术水平、社会物质和文化及社会生活现代化水平一直领先于世界各国。美国作为实力最强的工业大国，从 1894 年以来保持世界领先地位已 100 多年了。1916 年美国成为世界最大的债权国，在各个经济领域占有全面的优势，20 世纪 20 年代美国成为汽车王国。第二次世界大战爆发前夕的 1938 年，美国 GDP 占资本主义世界的 36%。二战结束后的 1948 年，美国 GDP 占世界的 54.8%，第二次世界大战结束至今美国一直是超级大国。美国富有活力表现在它的私人经营和国家、集团、私人垄断所有制兼顾；市场经济为基础兼顾政府干预。美国是以垄断为主体的民主共和制国家，实行统治集团内部可以进行民主争论的主体民主制。

一个国家能否繁荣昌盛，必然与其统治阶级的统治政策有关，好的领导者才有能力使自己的国家富强。为了尽快摆脱经济危机，实现经济复兴，以维护资本主义制度，罗斯福总统实行了"新经济政策"。随后罗斯福突然逝世，杜鲁门继任总统，提出了"公平施政"纲领，其核心是通过立法保障美国普通公众的经济权利。虽然该政策取得了一定的成果，但由于美国国会的参、众两院阻挠，使得很多政策都未能实现，也就不能维护到个人利益尤其是少数民族的利益。在 1952 年年底的大选中，提出"结束朝鲜战争"口号的共和党候选人艾森豪威尔击败其他候选人，当选美国第 34 届总统。他懂得不能走共和党的极端自由放任的保守主义老路，完全否定过去民主党政府的国家干预政策，因此艾森豪威尔政府选择了一条介乎国家干预和自由放任之间的"中间道路"。在执政时期，共和党政府基本上沿袭了前民主党政府的社会经济政策，在某些方面还有所加强，尤其是社会福利和国防教育方面。1960 年年底，民主党候选人肯尼迪成为当时美国历史上最年轻的总统，提出要开拓美国的"新边疆"，利用美国先进的科学技术和强大的经济实力去开拓新的领域，在科研方面尤为突出。后来肯尼迪遇刺身亡，约翰逊当选总统，政府的国内施政纲领延续了肯尼迪政府的路线，他提出的纲领性口号是建设"伟大的社会"。在 1980 年的美国大选中，共和党候选人里根以压倒多数获胜，当选第 40 届总统。他在向全国发表的电视演讲中提出了"经济复兴计划"，其主要内容为：压缩联邦开支，大幅度降低个人和企业的税负，减少政府对企业经营设置的各种规章条例，制定稳定货币的政策等。里根上台后，美国政府开始根据他的"经济复兴计划"，运用与凯恩斯主义不同的货币主义和供应学派的理论，实行小政府、低税收、少规章、小开支的自由放任经济政策，以此来打破美国经济停滞局面。而老布什之所以在经济上没什么作为，主要是他自始至终都没有明确的经济政策。后来克林顿在经济理论和经济政策方面都有别于他的前任，他既主张调整经济结构，增加有效供给和就业，又力求削减预算赤字，抑制通货膨胀，所以取得了较好的成就。而小布什为了对付经济衰退，采取了凯恩斯主义"反危机"的理念，通过政府干预来刺激经济，特别是通过大减税来增加消费者开支和企业投资，拉动经济增长，同时强调废除束缚高新技术发展的法律，放松对企业的行政干预和限制，削弱市场垄断，创造有利于企业创新和竞争的市场环境。小布什的经济政策给美国经济带来了很大的动力。奥巴马基本沿用民主党传统政策，即政府应对经济进行干预，缓和贫富矛盾，创造共同繁荣。他承诺为年收入在25万美元以下的家庭保持布什政府提供的减税政策，但对年收入超过25万美元的富裕家庭则增加税收。面对金融危机，除支持布什政府的救市计划外，奥巴马还推出了自己的金融救援计划，包括承诺未来两年内向创造就业机会的美国公司提供临时税收优惠，企业每提供一个新的就业岗位就能获得3 000美元减税。正是在这些政治家的带领下，才有了今天繁荣富强的美国。

经济政策必然决定一个国家的兴衰，一个国家的经济是否发达关系到每一位民众的衣食住行问题。经济政策不只是关乎国家领导者声誉的问题，更是关系到每一个人的生活，所有人共同努力才能创建更加繁荣的国家。

第二节　美国经济大萧条的原因

经济学界有各种各样的商业循环理论，在分析大萧条的原因时，众说纷纭，莫衷一是。对于萧条原因最好的说明，也许就是一个或几个社会集团减少支出的幅度超过了其他社会集团增加支出的幅度。1929年，消费者购买了国民生产总值的72%，工商业者投资消费了18%，联邦、州和地方政府的消费略少于10%，其余的用于出口。

在1929—1930年，由于投资者和消费者减少了大约150亿美元的支出，国民生产总值的支出约减少了140亿美元。政府支出虽稍有增加，但其影响微不足道。反映投资和消费支出有所减少的是：市场上劳动力解雇和失业增多了，工商业的销售额和利润降低了。根据上述分析可见，只要查明消费者支出和企业投资减少的来由，即能确定产生这次大萧条的原因。

今天，通过剖析历史，可以清楚地看出：在20世纪20年代已经存在着当时被人忽视或漠视的若干不利于经济发展的趋向。农业一直没有从第一次世界大战的萧条中完全恢复过来，农民在这个时期始终贫困。而且，所谓工业部门工资水平较高，其中不少是假象。在这十年内，新机器的应用把大批工人排挤掉了。例如，1920—1929年，工业总产值几乎增加了50%，而工人人数却没有增多，交通运输业职工实际上还有所减少。在工资水平很低的服务行业，工人增加最多，其中毫无疑问也包括了许多因技术进步而失业的技术工人。因此那些显示工资略有提高的统计数字，并没有把真实情况反映出来。由于工农大众是基本消费者，这两类人遇到经济困难时，对消费品市场一定会有较大影响。

在这些情况下，20世纪20年代广告量的增加和分期付款赊销的增加就会产生不良后果。分期付款赊销竭力膨胀消费品市场。1924—1929年，分期付款销售额从约20亿美元增长为35亿美元，由此可见其增长率大得惊人。毋庸置疑，采用分期付款的赊销办法，增加了小汽车、收音机、家具、家庭电器用具等耐用消费品的销售额。然而分期付款销售办法的推广使用，也表明这样一个事实：不增加贷款，消费品市场就不可能容纳工业部门生产出来的大量产品。而且，从经济观点来看，这种销售方式本身孕育着某种危险性。只要削减消费信贷即分期付款赊销，消费者的购买量就很可能大幅度减少。现在来看，1929年就发生了这种情况。

20世纪20年代工业生产之所以能扩大，是由于对新工厂、新设备的巨额投资。这项投资使建筑业、机床制造业以及钢铁工业等有关部门雇用了大批工人。因此，资本支出或投资一减少，各生产资料生产部门的工人就会大批失业。到1929年，消费品市场容纳不了增产的商品，也就不再需要扩充厂房和设备了。例如，据估计，1929 年美国整个工业的开工率只达到 80%。在这些条件下，投资额（用 1958 年美元计算）从 1929 年的 404 亿美元降为 1930 年的 274 亿美元，进而减少到 1932 年的 47 亿美元也就不足为奇了。投资的缩减导致了生产资料生产企业的破产和工人的失业。这个问题因住房建筑的减少而更加严重起来。住房建造在 1925 年达到登峰造极的地步，此后就江河日下了。1929 年动工兴建的住房只有 50 万幢（1925 年约有 100 万幢）。1927 年以后，汽车工业也急剧衰落。

我们不想回答究竟是生产资料的生产先下降还是消费品的生产先减少这样一个问题。显然，两者互相影响。生产资料生产部门的工人失业，会使消费品的销售额减少，从而导致消费品生产部门工人的失业。而消费品销售额的减少又反过来使投资进一步缩减。这两大部类愈演愈烈的相互作用驱使生产日益下降，失业率不断上升，消费随之急剧减少。

甚至诸如低税率和高利润等有利因素也可能助长了危机的爆发。现在来看，那个时期增加的收入大半落入了少数人或少数家族的腰包。1934 年，布鲁金斯研究所发表的一篇研究 20 世纪 20 年代经济问题的论文这样写道："美国呈现出了收入分配日益不均的趋势，至少在 20 年代前后是如此。这就是说，这个时期人民群众的收入有所增长，而上层阶级的收入水平提高得更快。随着上级阶层高额收入的实现，他们的收入中节约的部分增加得比消费部分快，也就出现了大富豪及其家族把积累的收入越来越多地用于投资的趋势。"

从经济观点来看，20 世纪 20 年代收入的分配有紧缩消费来增加投资的趋向。回顾这一段历史，可以看出，如果消费者手里的钱多些，而投资者手里的钱少些，国民经济也许会稳定一些。某种程度上看，由银行信用造成的 1929 年股票市场的繁荣也反映了资金过剩，使资本家投资于购买设备和兴建厂房无利可图。

20 世纪 20 年代的繁荣，主要归因于自然资源充裕、工农业生产增长、技术进步、劳动生产率提高、消费扩大和对外贸易兴旺。然而，许多美国人的贫困处境和国民经济中存在的某些薄弱环节，最终导致了大萧条的爆发。尽管如此，直到 20 世纪 20 年代末，大多数美国人还盲目乐观地相信繁荣仍将继续下去。

第三节　21 世纪的美国经济

　　美国的经济体系兼有资本主义和混合经济的特征。在这个体系内，企业和私营机构做主要的微观决策，政府在国内经济生活中的角色较为次要。在发达国家中，美国的社会福利网相对较小，政府对商业的管制也弱于其他发达国家。

　　美国是一个创新型经济体，始终存在制度优势。二战结束以来，全球每一次经济增长的长周期都是由美国引导的。二战结束以后，军工转民用产生技术革新和进步，将美国经济带到了 20 世纪 60 年代末的黄金增长期。经过 20 世纪 70 年代经济滞胀的修正，进入 20 世纪 80 年代，美国经济又在信息革命的引领下增长了 30 年，一直到 2007 年由于次级贷款资产泡沫出现金融危机。

　　作为全球最大的经济体之一的美国经济正在逐步复苏，中、美两国经贸联系也日益紧密，现在互为第二大贸易伙伴。那么美国经济专家如何看待美国经济状况、主要政策走向以及美国对华贸易情况呢？根据国际货币基金组织 2014 年 10 月发布的最新一期《世界经济展望》报告，美国在全球经济复苏中处于引领位置。报告对 2014 年美国经济增长预期持乐观态度，将 2014 年美国经济增速预期上调 0.5 个百分点至 2.2%，并维持对 2015 年 3.1% 的增速预期。另据美国政府近期报告，2014 年第三季度美国 GDP 的环比年增长率为 3.5%，尽管较第二季度的 4.6% 有所下降，但仍然远超 3% 的市场预期，这主要得益于出口的大幅增长以及军事支出的增加。对此，华盛顿智库威尔逊中心经济专家肯特·休斯认为，美国经济发展势头良好，但还有待进一

109

步复苏。"个人和企业的资产负债表都有所改善，美联储的购债计划取得了一些成功，量化宽松货币政策使得企业利润一直很高，企业正在通过更新设备等方式扩大投资，房地产行业还没有完全复苏，联邦机构推出了更多抵押贷款政策，银行可以为首套房买家提供较低的利率，这些都是积极的信号。"在经济刺激政策方面，由于美国经济复苏势头良好等原因，美联储于2014年10月底结束了资产购买计划，也宣告了美国第三轮量化宽松货币政策的结束，同时美联储还重申将在相当长的时间内将联邦基金利率维持在接近于零的水平。

第四节　美国的货币政策

在1913年成立美联储的时候，其功能只限于为经济活动提供足够的流动性和信用，以及实施银行监管，即保证经济和金融体系的健康是美联储的最终目标。1941年，美联储为筹措军费，采取了廉价的货币政策，即钉住战前的低利率。在20世纪50~70年代，美国经济周期性扩张和收缩的特征非常突出，因此，扩张性货币政策和紧缩性货币政策的交替也很明显，货币政策目标经常变化。在20世纪70年代后期，随着通货膨胀被抑制，美联储又转向了平稳利率政策，并获得了极大成功。自1999年6月开始，为防止经济过热，美联储开始收紧银根，半年中先后三次提高利率，但美国经济增长势头仍没有减缓的迹象。于是在2000年2月2日、3月21日和5月16日又分别提高利率，使联邦基金利率达到了65%。到了2008年11月25日，美联储宣布，将购买政府支持企业（简称GSE）房利美、房地美、联邦住房贷款银行与房地产有关的直接债务，还将购买由"两房"、联邦政府国民抵押贷款协会（Ginnie Mae）所担保的抵押贷款支持证券（MBS）。这标志着货币政策上的量化宽松的开始，简称QE。

在大多数经济发达的民主国家都设有中央银行，其主要职责是调节货币供给，包括流通中的货币和银行存款，稳定币值。调整存款准备金率是美联储对货币供应实行扩张或紧缩政策的手段之一。第二种手段是，美联储可以通过调整商业银行向联邦储备银行借款的利率即再贷款（再贴现）利率来控制货币供应量。第三种手段是，美联储还可以在所谓"公开的市场交易"中购买或出售财政部发行的中长期国库券（Bond and Notes）。

根据《美国联邦储备法》，美国的货币政策目标是控制通货膨胀，促进充分就业。目前，美联储货币政策的操作目标是联邦基金利率。美国联邦基金利率是指美国同业拆借市场的利率，其最主要的是隔夜拆借利率。这种利率的变动能够敏感地反映银行之间资金的余缺，美联储瞄准并调节同业拆借利率就能直接影响商业银行的资金成本，并且将同业拆借市场的资金余缺传递给工商企业，进而影响消费、投资和国民经济。

内容回顾：

本章运用渐进主义模型分析经济政策。从美国经济的发展历史来看，美国是世界上建国历史最短、发展最快、实力最强的大国。历史记录表明，经济增长过后通常会出现经济收缩。1950 年以前美国经济周期的波动幅度较大，并在 20 世纪 30 年代出现了经济大萧条。进入 21 世纪的美国经济，虽然仍然经受着经济周期的考验，但美国政府应对经济周期的财政政策和货币政策已成功实现了经济稳定。

学习本章，应重点掌握下列几个知识点：经济大萧条、21 世纪的美国经济、货币政策、财政政策、美联储。

复习思考题：

一、选择题

1. 美国在 1913 年成立的（　　）部门，其功能只限于为经济活动提供足够的流动性和信用，以及实施银行监管，即保证经济和金融体系的健康发展的最终目标。

  A. 众议院筹款委员会（House Committee on Ways and Means，HCWM）

  B. 经济咨询委员会(Council of Economic Advisors, CEA)

  C. 国会预算局（Congressional Budget Office，CBO）

  D. 联邦储备委员会（Federal Reserve Board，FED）

2. 关于税收支出和赤字水平的政策是指（ ）。

  A. 财政政策

  B. 税收政策

  C. 经济政策

  D. 货币政策

3. 关于货币供给和利率水平的政策是指（ ）。

  A. 财政政策

  B. 税收政策

  C. 经济政策

  D. 货币政策

4. （ ）是一个国家一年内生产的所有商品和劳务市场价格的总和。

  A. GDP（Gross Domestic Product）国内生产总值

  B. CPI（Consumer Price Index）居民消费价格指数

  C. PPI（Producer Price Indexes）生产者物价指数

  D. PMI（Purchase Management Index）采购管理指数

5. 货币政策是由下列（ ）机构来决定的，它通过对全国银行监管来增加或减少货币供给。

  A. 众议院筹款委员会（House Committee on Ways and Means，HCWM）

  B. 经济咨询委员会（Council of Economic Advisors，CEA）

  C. 国会预算局（Congressional Budget Office，CBO）

  D. 联邦储备委员会（Federal Reserve Board，FED）

答案： 1. D 2. A 3. D 4. A 5. D

二、思考题

1. 美国联邦储备系统（Federal Reserve System，FRS）工作的几种手段？

2. 美国经济大萧条的原因是什么？

三、案例分析

《华尔街日报》网站 2014 年 8 月 29 日报道，美国经济在 2014 年第二季度的反弹力度超出此前预期，显示出美国经济在走出衰退的五年后重回复苏轨道。

美国商务部周四公布，经季节性因素调整后，第二季度国内生产总值（GDP）折合成年增长率 4.2%。美国商务部此前依据不完整的国际贸易、库存和其他数据预计第二季度 GDP 增长 4%。第二季度企业新开工建筑、机器和研发支出的增幅大于之前的预期，但库存对 GDP 增长的贡献小于之前的预期。

第二季度经济反弹缓解了外界对美国经济持续放缓甚至再度陷入衰退的担忧。不过，今年上半年的平均增幅仅为 1.05%，令经济将在短期内持续加速增长的预期降温。

数据显示，美国第二季度 GDP 受到消费者支出提振。当季消费者支出经季节性因素调整后折合成年增长率 2.5%，为 GDP 增幅贡献了 1.69 个百分点，这与美国商务部之前的预期一致。

第二季度非住宅固定投资增长 8.4%，之前预计为增长 5.5%。企业在结构、设备和知识产权产品上的支出对 GDP 增长的贡献均大于此前预期。

对外贸易对经济的拖累作用要小于此前预期，将 GDP 增幅拉低 0.43 个百分点，低于之前预计的 0.61 个百分点。出口被向上修正，而进口被小幅向下修正。

私人领域库存变化为第二季度 GDP 贡献了 1.39 个百分点的增幅，低于初步估计的 1.66 个百分点。

整体而言，第二季度 GDP 较上年同期增长 2.5%，之前预计的同比增幅为 2.4%，第一季度同比增幅为 1.9%。国内产品最终销售增长 3.1%，之前预计增长 2.8%。

思考：

请分析美国经济政策对美国社会的作用，谈谈你对 21 世纪美国经济的看法。

第七章
美国的税收政策

第一节　美国的税收概况

目前，美国税收实行的是联邦、州和地方（县、市）分别立法和征管，联邦以所得税、州以销售税、地方以财产税为主体的税收制度。三级政府各自行使属于本级政府的税收立法权和征收权；联邦与州各有独立的税收立法权，地方税收立法权在州，州的税收立法权不得有悖于联邦利益和联邦税法。

美国的联邦税法由国会制订，并写入《国内收入法典》。财政部代表联邦政府解释《国内收入法典》并颁布所得税法。其属下国内收入局负责管理和执行联邦税法，为纳税人提供纳税方面的服务。

美国实行彻底的分税制，属于联邦、州与地方分权型国家。美国的税收管理体制分为联邦、州及地方政府三级。联邦政府征收所得税、销售税、遗产税和赠予税，大多数州及地方政府征收专营权税、所得税、销售税、财产税、遗产税和赠予税。

抵制实质性的税收改革的强大利益集团虽然赢得了一些重要的利益，但政府为了保持总体利益均衡，它们在税收改革的斗争中是失败的。1990年，利益集团赢得了一次重大的胜利，乔治·H. W. 布什同意民主党控制的国会将劳动所得的最高边际税率提高了，但是并没有收到预期的效果，预算计划削减了大量国防支出和国内的开支，并增加了主要的税收；乔治·W.布什促使共和党控制的国会以减少税收作为"刺激经济增长的因素"，但大多数民主党人反对这一税收计划，认为它只对富人有利，对经济发展没有什么帮助，还会使本来数额已经巨大的联邦年度赤字变得更大；而共和党人认为它对所有纳税人有利，因为富人交了更多的税，只有从税收减免中才能得到公平。

在美国，约1/2的个人收入通过税法规定的减免和特别优惠的多种方式而逃避了税收。税收制度的不完善导致了一场穷人反对富人的战争，从而推动20世纪早期《宪法第十六修正案》。1914年国会通过《联邦所得税法案》，规定最高税率为7%，其中需要缴税的人还不足1%；而今天的最高税率为35%，要缴税的人却有50%以上。在所有纳税人中，有75%的人采用标准扣除，25%的人属于高收入者。

"地下经济"逃税导致政府每年大约流失2 000亿美元的财政收入，相当于全部税收的15%。实际上占美国纳税人50%的低收入者只承担了所得税的4%，收入占前10%的人承担了个人所得税的66%，其中1%的最高收入者承担了个人所得税的34%。见下表。

美国个人所得税负担情况表

调整后的总收入	收入界限（美元）	占联邦收入所得税的比例（%）
收入最高1%人群	295 495.00 以上	34.3
收入最高5%人群	130 030.00 以上	54.4
收入最高10%人群	94 891.00 以上	65.8
收入最高25%人群	51 343.00 以上	83.9
收入最高50%人群	29 019.00 以上	96.5
收入最低50%人群	29 019.00 以下	3.5

通过不断地完善个人所得税税收制度，联邦政府变得更加有钱，从而在社会福利与社会保障等方面都有很大的提升，缓

解了由社会贫富差距所引发的矛盾，使绝大部分的人从中得到了利益，这样的政策是一个很好的典范。个人所得税不仅是美国国家收入的一个重要支柱，而且是体现一个国家调动国家资源与分配的能力，通过实施好的个人所得税政策，能够很好地使用国家有限的资源而实现民众利益的最大化，是一个国家走向富裕的基本国策。

美国不但每个人的纳税意识很强，而且还制定了一些与税收相关的政策。除小额交易外，其他交易必须通过银行转账，否则就是违法的。在银行开户必须有身份证明，每个美国人都有一个社会安全号，银行按社会安全号把每个人的利息收入按税法规定报告给税务局。同时，联邦与地方税务局、税务局与海关等有关部门之间互相沟通信息，使税务局能及时、全面地掌握每个纳税人的情况，防止税收流失。

美国税务局有权对纳税人的有关账簿和记录进行调查，有权让纳税人到税务局接受调查、出示会计记录，以确定纳税人的应纳税额，判断是否有偷、漏、逃税行为。纳税人如不缴税，针对不同情况，税务局有权行使三种权力：抵押权、强索权、占有权。美国各州税务局的内设机构一般有五个：法制机构、审计机构、研究统计机构、征收机构、服务机构。同时美国还非常重视运用先进技术。现在，税务局已能每天 24 小时直接处理纳税人的电子报税、电话报税，大大提高了工作效率。

美国税制的演变：

美国税收制度的发展大体经历了三个阶段：

（1）以关税为主体的间接税阶段；

（2）以商品税为主体的复税制阶段；

（3）以所得税为主体的复税制阶段。

美国的主要税种

1. 联邦税（Federal Tax）

联邦税，顾名思义，就是由联邦政府征收的税负。联邦收入所得税主要用于支付国防开支项目、外交事务开支、执法费用以及支付国债利息等。在各种联邦税中，收入所得税占主要地位，主要是个人收入所得税和社会安全福利保障税，其次是公司收入所得税。联邦遗产税、礼品和货物消费税在联邦财政总收入中所占比例则很小。以 2004 年为例，在联邦总税收中，个人收入所得税所占比例为 43%，社会安全福利保障税所占比例为 39%，公司收入所得税所占比例为 10%，货物消费税所占比例为 4%，其余的 4% 为遗产税、礼品和其他税收。

2. 个人收入所得税（Individual Income Tax）

个人收入所得税又称个税，是联邦政府税收的主要来源。个税的征收原则是"挣钱就需缴税"（pay-as-you-earn）。个人收入所得税的缴付方式主要有四种：夫妻联合报税、夫妻分别报税、以家庭户主形式报税和单身个人报税。个人收入主要包括工资、年薪、小费、利息和股息收入、租金、特许使用费、信托、博彩、赌博、遗产、年金、赡养费收入、投资收入和商业经营收入等。个人收入所得税采用累进税率制，税率按收入的不同分为 10%、15%、25%、28%、33%、35% 等多个税级档次。

2002 年美国个人所得税税率如下表所示：

2002 年美国个人所得税税率表

级数	全年应纳税所得额（美元）	税率（%）
1	不超过 12 000 的部分	10
2	超过 12 000 至 46 700 的部分	15
3	超过 46 700 至 112 850 的部分	27
4	超过 112 850 至 171 950 的部分	30
5	超过 171 950 至 307 050 的部分	35
6	超过 307 050 的部分	38.6

3. 公司收入所得税（Corporate Income Tax）

公司收入所得税又称公司税，是联邦政府继个税和社会安全福利保障税之后的第三大联邦税进项。该税采用累进税率制，税率分别为 15%、25%、34%、35% 等多个税级档次。

2002 年美国公司所得税税率如下表所示：

2002 年美国公司所得税税率表

级数	全年应纳税所得额（美元）	税率（%）
1	不超过 50 000 的部分	15
2	超过 50 000 至 75 000 的部分	25
3	超过 75 000 至 100 000 的部分	34
4	超过 100 000 至 335 000 的部分	39
5	超过 335 000 至 10 000 000 的部分	34
6	超过 10 000 000 至 15 000 000 的部分	35
7	超过 15 000 000 至 18 333 333 的部分	38
8	超过 18 333 333 的部分	35

4. 社会安全福利保障和老年保健医疗税（Social Security and Medicare Tax）

社会安全福利保障和老年保健医疗税又称社会安全税或联邦保险捐助法税。该税收入主要用于为退休工人和残疾工人及其抚养人提供福利。

5. 货物税（消费税）（Excise Taxes）

货物税是消费税的一种形式，它是对消费某些特定货物和服务而不是对收入征收的税。消费税属于联邦税，2004 财政年度，联邦消费税收入约占联邦总税收的 3.7%，占国内生产总值的 0.6%。其中燃油税是联邦货物消费税项下最大的税种，约占该税的 30.4%，其他消费税包括国内民航旅客税，烈性酒、葡萄酒、啤酒、香烟税和电话服务费等。征收消费税的目的，多是为了增加收入，减少赤字，或用于高速公路的建设、道路空气污染的预防和治理。

6. 财产税（Property Tax）

财产税是美国州政府和地方政府对在美国境内拥有不动产

或动产特别是房地产等财产的自然人和法人征收的一种税。

7. 州税及地方税（State and Local Taxes）

根据本州立法机构制定的有关法律和经济发展水平和税收来源的充裕程度等设立不同的税种和相关税率。

8. 遗产税和礼品税（Estate and Gift Tax）

联邦遗产税适用于公民死亡时财产的转移。遗产税有别于继承税（Inheritance Tax）的主要区别在于遗产税的征收对象是遗产，而继承税的征收对象是继承人。遗产税税率根据遗产价值的大小，从18%至48%不等。与联邦遗产税项目配套的是联邦礼品税，开征该税的目的主要是防止个人在生前以礼品赠送的名义将遗产转移给后人。根据税法，已婚夫妇每人每年可赠送给每一位子女11 000美元的免税礼品，超过部分则必须缴纳礼品税。由于遗产可以不受限制地转移给尚健在的配偶，或可以扣除遗产管理费用后将遗产转移给慈善机构等，因此遗产税在联邦税收体制中所占比例很小，2004财政年度，其在联邦税收总值中的比例仅为1.3%。

第二节　劫富济贫的美国税收政策

税收政策是指国家为了实现一定历史时期任务，选择确立的税收分配活动的指导思想和原则，它是经济政策的重要组成部分。我们一起来了解一下美国的税收政策。

美国联邦政府的税收收入有多种来源——个人所得税；社保基金的扣除额；企业所得税；汽油、酒精饮料、烟草、电话、航空以及其他项目的消费税；财产税、遗产税、赠予税、关税以及其他各种项目的罚款和收费。

税收是美国政府提供财政经费来源，维持国家机器正常运转必不可少的重要组成部分之一，其在美国国内生产总值中所占比率因美国经济兴衰、战争的爆发、政府的更迭以及立法的修改而波动。20世纪60年代以来，联邦税收在国内生产总值中所占比率平均为 18.2%，其中，2000 财政年度全部税收在国内生产总值中所占比例为 20.8%，是二战结束以后所占比例最高的年份。而由于受经济衰退和政策影响（如减税），2004 财年，该比例降至 16.5% 的历史低点。

经过上百年的不断修改和更新，美国的税收制度可谓非常完善。总体而言，美国的税可分为以下几类：联邦税、州税和地方税；从税种看，有个人收入所得税、公司收入所得税、社会安全福利保障税和健康医疗税、销售税、财产税、地产税、遗产税、礼品税、消费税等；从税率看又分为单一税率、累进税率和递减税率；在税收的计量上又可分为从量税和从价税。

很多人对美国的印象是"全球征税、劫富济贫"。对于是否移民美国，许多人由于税收问题望而却步。"高收入阶层避税放弃绿卡，美国富翁逃税放弃国籍"之类报道频现报端，这些给公众造成了一种"美国苛税猛于虎"的印象，也使得不少有意移民美国的国内高收入阶层担心拿到绿卡后即将面临一系列税务问题。

美国税收品种多，交税比例高，而且几乎没有可以不用纳税的收入。首先美国的税收分为联邦收入税和地方收入税（不过不是每个州都有州收入税的，比如佛罗里达州就没有州收入税），按照收入的来源又分为一般收入税和资本收入税（出售或投资产品获利，品种和税率见下表）。

资本获利税率表　　　　　　单位：%

普通收入税率	长期资本收入税率	短期资本收入税率	地产长期收入税率	收藏长期收入税率	中小企业股东长期收入税率
10	0	10	10	10	10
15	0	15	15	15	15
25	15	25	25	25	25
28	15	28	25	28	28
33	15	33	25	28	28
35	15	25	28	28	

从该表中我们看出，资本收入税率的高低除了和资本投资的品种和期限有关外，还和你的一半收入税率密切相关（特别是短期投资），比如：如果你的家庭收入税为33%的话，你相应的资本盈利税收也会较收入低于这个档次的家庭或个人高很多。也就是说，中低收入群体投资同样的资产，要比高收入群体少交至少几个百分点甚至少10%、20%的税。

个人所得税是联邦政府收入中最大的一个来源，个人所得税在美国分为六个等级的税率——10%、15%、25%、28%、33%、35%。这些税率适用于不同的收入水平或等级。联邦个人所得税是高度累进的。它的六种税率加上个人减免税和标准的家庭减免税，以及低收入者获得的税收抵免，减轻了中低收入家庭的大部分税收负担。

美国税收比较好地实现了"劫富济贫"：一是没有隐性收入逃离税收之外（公司受法律约束，不得替个人避税，而且也必须提供个人从公司获得的每一项收入的汇总；个人一旦被查出偷税，也会受到严厉制裁）；二是高收入高税率——而且除了联邦税外，美国人每个月的工资还得交州收入税（税率根据州的不同而不同）、社会保险税（6.2%，收入超过 $106 800 的部分不再征收）、老人医疗税——美国 65 岁以上的人参加政府的这项老人医疗险（1.45%）、失业税等。如果你的个人税率在33%以上，扣除各项税收和你个人以及家庭的医疗保险费用后，收入的一半就没有了。这些税不仅适用于你的工资收入，而且涵盖你从公司取得的任何一项收入，即如果你领取了 3 万美元的年终奖（美国大部分公司都只给中高层管理人员发放年终奖），如果你的联邦税率为 33%，扣除以上的税金后也就只有一半了。中低收入者可以从政府那里获取很多减免和帮助（具体项目，笔者以后会写专文）。根据 CNN 的报道，2010 年有 49% 的家庭免交联邦税（通过退税等形式）。这样一来，高收入家庭和低收入家庭的收入差距就小了很多。

首先，一般收入税最大的特点就是你从公司领取的任何形式的收入都在纳税的范围内。法律规定的一般收入包含工资、奖金（任何性质的奖金，包括年终奖等），甚至优秀员工奖励（现金或实物）和加班工资，也包括公司利润分红、股息、债券利息等。因为有法律的严厉约束和严格的执行制度，美国的公司都会严格履行其税收方面的义务，将员工获得的每一项收入都列在工资清单上，并按照国家规定一一代为扣除；而且每一年年初都得给出单位员工本年度所有收入的汇总表，员工据此向政府报税。

其次，美国是以家庭为单位交税的。以 2010 年的收入档次和税率表为例，如果一对夫妻联合报税，男方年收入为 15 万美元，他应交税的税率为 28%，此时，即使其妻子收入仅仅为 2 万美金，她也必须按照 28% 的税率来交税；如果妻子收入为 6 万美金，他们就应该按照更高的税率（33%）来交税，因为其家庭总收入超过了 209 251 美元的总额。

美国还有各种各样的消费税，上餐厅吃饭、到商场购物、买机票、住酒店等都得交税。财产税也是每年交，税率依州和镇的不同而不同，低的年交 1.5%，高的超过 5%。那些退休后的老人，七八十岁了，还是得为交每年的财产税而焦虑。

第三节　美国税收制度存在的问题与危害

美国联邦税收制度存在的问题

（1）税收的形式太复杂了，大多数纳税人要雇佣专业的税收代理人（很多会计师和律师就依靠这种税收代理谋生）；

（2）税法区别对待不同收入来源的做法是不公平的，有很多的免税、减税和特殊优惠都被认为是税收的漏洞，使得那些有特权的人得以逃避税收；

（3）税法还鼓励逃税，使得投资避开生产性的领域而转向无效率的税收庇护；

（4）税法还怂恿欺诈，导致公民对政府的信任度降低，助长了地下经济的蔓延，这些交易所得从来不以税收形式申报；

（5）高边际税率抑制了人们的工作热情或投资动力。

美国联邦税收制度带来的危害

- 各种各样的避税方式出现；
- 地下经济也导致各种逃税，从而使政府每年遭受数十亿美元的损失；
- 许多工人除了在雇主那里获得的相应报酬外，对其他的现金收入在缴税时并没有报告；
- 非法收入（如贩卖毒品）——没有人会去申报这些收入的所得税；
- 随着税率的提高，隐瞒收入变得更加有利可图。

内容回顾：

本章运用团体理论模型分析税收政策。美国的税收体制的复杂、不公平、无效率，很大一部分原因归结于有组织的利益集团的活动。美国的主要税种包括联邦税、个人收入所得税、公司收入所得税、社会安全税、消费税、财产税、州税及地方税、遗产税和礼品税等。美国的税收政策具有"全球征税、劫富济贫"的特征，同时其税收制度存在着一些问题与危害。

学习本章，应重点掌握下列几个知识点：美国的主要税种、分税制、"劫富济贫"的税收政策、美国税收制度的问题与危害。

复习思考题：

一、选择题

1. 在 1914 年国会通过（   ），规定最高税率为 7%。

    A.《联邦所得税法案》

    B. 个人所得税

C．企业所得税

D．消费税

2．下列（　　）种税收被美国政府用于支付国防开支项目、外交事务开支、执法费以及支付国债利息等。

A．财产税

B．消费税

C．联邦税

D．遗产税

3．下列（　　）种税收的目的是为了增加财政收入，减少财政赤字，用于高速公路建设、道路空气污染的预防和治理。

A．财产税

B．消费税

C．联邦税

D．遗产税

4．税收政策的一个核心问题是谁实际上承担了最重的税收负担。其中，要求高收入群体比低收入群体缴纳其收入的更大比例的是（　　）。

A．累进税

B．递减税

C．比例税

D．统一税

5．下列（　　）税种是联邦财政收入中最大的一个来源。

A．社会保险税

B．个人所得税

C．企业所得税

D．消费税和关税

答案：1．A　　2．C　　3．B　　4．A　　5．B

二、思考题

1. 美国的主要税种有哪些？
2. 美国税收政策的实行对美国的经济有哪些影响？

三、案例分析

美国的税制结构

美国税收结构

联邦税以个人所得税、社会保险税、公司所得税为主，此外还有遗产税与赠予税、消费税（包括一般消费税及专项用途消费税）、暴利税、印花税等。关税是由关税署负责的税种。各州一级税制不完全一致，一般有销售税、所得税、财产税、遗产税和继承税、机动车牌照税、州消费税等。地方主要以财产税为主。此外有对旅馆营业供电、电话使用征收的营业税、许可证税等。美国各级政府的税收总收入在20世纪80年代占国内生产总值的比重稳定在26%~28%。各级政府税收收入占财政总收入的80%以上，联邦政府税收收入则占财政收入的90%以上。1988年，在联邦税收总额中，个人所得税占45.36%，公司税占10.68%，社会保险税占37.26%。在州一级税收总额中，1986年对货物、劳务征税占59.62%，个人所得税占28.97%，公司税占1.83%。在地方一级税收总额中，财产税占70.04%，对货物、劳务征税占20.01%，个人所得税占5.89%。

美国应税收入的免、抵、扣

税收的免、抵、扣指的是纳税人在填写年度纳税申报表时，可以依据有关规定将某些开支从其年度应税毛收入中扣除，以形成经调整的应税总收入，再以此为基础进行纳税。每个纳税人的免、抵、扣金额视其年收入水平和开支性质而各不相同。一般而言，家庭住房按揭、慈善捐赠、业务开支、被抚养人的数量以及教育费用支出和子女看护费用等都是可影响纳税人税负的变量。另外，部分个人退休账户、个体经营者的退休年金计划、学生贷款利息、赡养费、某些教育费用开支以及搬迁费用等也可依据有关规定从应税总收入中予以扣除。根据1997年税法的规定，每名 17 岁以下儿童可以享受现金返还 400 美元的税收抵免，后经 2001 年、2003 年和 2004 年数次调整，目前每一儿童可享受的现金返还式税收抵免额为 1 000 美元。照顾儿童及被抚养人税收抵免（Child and Dependent Care Credit），可将为照顾儿童支出的看护费（每一儿童最多不超过 3 000 美元，或两名或更多的照顾对象不超过 6 000 美元）的 35% 抵免应税收入。纳税人经调整后的总收入超过 15 000 美元时，抵免率相应下调，但最低不得低于 20%。继续教育费用支出抵免：为鼓励学生接受高等教育，纳税人接受大学本科教育头两年的绝大部分学费支出可用于税收抵免。替代最低收入税收抵免（Alternative Minimum Tax）：纳税人可根据联邦和州有关规定以及自身收入及家庭财务负担状况，在每年的最后报税申报日（一般是每年的 4 月 15 日）之前，申请某些税收的抵、免、扣，最后根据上一年度缴税的实际情况多退少补。但此计算过程非常繁复，一般都会委托专业注册会计师来完成。

通常来说，税收体制的目标，不仅是为政府履行既定的职能筹集足够的收入，还要力求简单、高效、公平，并且不能损害经济增长。但要求改革税收体制的人认为，联邦税收制度没能符合其中任何一项标准。

思考：

1. 美国税收制度存在的问题与危害。
2. 针对美国税收制度存在的问题，请你提出建议或看法。

第八章
美国的世界贸易政策

第一节　美国贸易政策的演进

从 21 世纪初开始，美国的贸易政策一直处于世界经济的核心地位。两次世界大战之间的那个历史时期，贸易保护主义曾经是大萧条加深并旷日持久的主要原因。其顶峰是制定了臭名昭著的《斯莫特·霍利关税法案》，其国际后果是加速了第二次世界大战的爆发。后来，美国开始实行贸易自由主义，并在推进贸易自由化方面起了带头作用，两者结合在一起，创建了关贸总协定，促进了战后的世界经济繁荣。20 世纪 70 年代，限制贸易的倾向又开始明显抬头，到 80 年代，这种倾向进一步加强，重又开始对世界经济的稳定带来威胁，并在国内外引起了深深的忧虑。克林顿政府上台以来，实行了更富有进取性的对外贸易政策。

第二节　美国经济政策对美国制造业的影响

从 20 世纪 80 年代开始，美国制造业经历了明显的衰退。1979—2010 年间，美国制造业工作岗位从 1.94 亿个减少到 1.15

亿个，降幅为 40.7%，其中，2000—2010 年尤为明显，共有 5 900 万个制造领域的工作岗位消失，降幅为 33.8%。美国劳工部数据显示，过去 13 年间，每季度平均有占总数 3.5% 的工厂关闭，而仅有 2.6% 的工厂新投产。事实似乎表明，美国企业在本土保留核心研发、将规模制造外包或外迁的模式，并不符合新一轮技术革命的特征：电子与通信产业可模块化与可复制化的特点，加快了知识的溢出效应，由美国公司巨资开发的技术很容易被海外公司获得，并抢先开发为可商业推广的产品；制造业大规模外迁还造成本地产业链断裂，进而损坏产生创新的基础结构，不少企业的研发部门也随之迁往他国。美国国家科学技术委员会的数据显示，2000 年美国的高端科技产品尚有 50 亿美元的贸易盈余，到了 2011 年则逆转为高达 990 亿美元的赤字，占总体贸易赤字的 17%。在半导体记忆存储装置、锂电池、平面显示器、机器人、太阳能电池、高端照明、氧化物陶瓷等领域，美国曾经是技术的发明者，现在却落后于其他国家。

美国现在发现自己的制造业正在下滑，给自己的经济带来了严重的问题。奥巴马担任总统以来，制定了许多制造业重回美国的战略政策。如 2014 年 1 月 24 日，美国总统奥巴马在国会发表其任内第三次国情咨文演说，高调宣布要重振美国制造业，并表示，为促进制造业企业向美国国内回归，政府将提供税收优惠政策。在当前美国制造业人工成本与能源成本都有所降低的情况下，减税无疑又为制造业回归添加了一个动力。2009—2012 年，奥巴马政府先后推出了"购买美国货"、《美国制造业促进法案》、"五年出口倍增计划"、"内保就业促进倡议"等多项政策来帮助美国制造业复兴，并逐渐显现出了政策效果。2011 年美国制造业新增 23.7 万个就业岗位，制造业投资恢复明显。制造商协会认为，美国制造业在 2012—2013 年两年分别增长了 4% 和 3.5%，高于同期的美国 GDP 增长预期。尤其是 2010 年 8 月 11 日，美国总统奥巴马正式将《美国制造业促进法案》签署为法律。《美国制造业促进法案》终于正式成为法律，让美国的制造商欢欣鼓舞，因为这将对大型和小型制造企业的发展都起到推动作用。该法案降低了在美国做生意的成本，并刺激了美国的出口，使得美国制造业生产力年平均增速达 3.8%。这些政策促进了美国的制造业快速回归，就业岗位也越来越多，就业率也越来越高。美国在自己遭受经济危机之后和发现自己的制造业开始下滑时，立即制定了这些政策。它们使美国渐渐地摆脱了经济危机带来的危害，使美国经济渐渐地复苏，让制造业重回美国，并有效地提高了美国的 GDP。

第三节　美国的移民政策

美国移民的四个时期

（1）早期：自由开放（从美国独立并建国到 19 世纪 80 年代初）；

（2）中期：限制移民和区域差别（从 1882 年到 20 世纪 50 年代初）；

（3）近代：缓和与地域差别更正（从 1952 年到 20 世纪 80 年代末）；

（4）当代：职业技术移民（从 1990 年开始）。

历史上的移民潮带动美国走向强大，美国接受移民的数量超过世界上其他国家所有移民数量的总和，每年都有超过 100 万的合法移民进入美国，此外还有 100 万~300 万的非法移民。当今美国移民现状：1/8 国民是新移民，移民慢慢趋向高技术移民。每年几乎都有超过 2 000 万人由于学习、旅游或商务等方面的事宜获得进入美国的签证。1986 年国会通过《辛普森—马佐利法案》，试图通过规定雇主的责任来限制移民，但这丝毫没有减少合法或非法移民的涌入。事实上，美国的精英集团一直都在努力淡化移民法律及其执行，因为大量的移民都可成为廉价的劳动力。

200 多年来的美国移民政策，都可以集中在两个本质问题上：

（1）是否允许移民？什么样的人可以移民？

（2）对移民给予什么样的经济和政治权利或者社会福利？

不同的社会群体及政治家，对于移民政策的看法，都可以简化到这两个方面来看。

对于白人种族主义者而言，他们担心种族消亡，他们反对任何非白人的移民，反对给予移民政治权利。对于各种少数民族群体而言，他们支持移民，也支持给予移民所有权益。对于工会尤其是技术工会而言，他们反对移民，尤其反对低技术工人移民，但支持给予已经在美国的移民相应权益。对于企业而言，它们需要自由工人，所以支持自由移民，但只赞成给予移民经济权益（就业权），对是否给予政治权益则不关心甚至反对，比如罢工这样的政治权利。

由于美国的国境线非常长，对于非法移民无法完全阻止，还不如加以控制和引导，有针对性地提高门槛，引入自己需要的移民。对美国来说，调整移民政策，进一步向技术移民倾斜，是相对更好的妥协。但这种偏移在某种程度上存在极大风险，这样可能会导致对拉美裔美国人的歧视。特别是墨西哥政府，也反对美国实施移民强化政策。

美国是一个移民大国，移居美国对于大部分有移民意向的人群是一个重要的选择。从建国初期移民踏入北美大陆开始，美国已经陆续接纳了 7 000 万移民。其中包括不少的建国先贤、为美国打下坚实基础的企业家、网络科技的创业家等，还有拥有"美国梦"而为美国的社会基础设施建设做出了应有的贡献的一类人等。美国的移民来自世界各国，不同的国家、不同的族裔汇聚于此，给美国的文化添上了多彩的一笔。

美国当前的移民政策的概念是 19 世纪初建立的，主要是回应大批来自欧洲的早期移民。政策从人伦出发，目的是促进家庭团聚。1964 年美国终止了"手臂计划"。这项计划从二战爆发后开始招募邻国墨西哥的移民，以解决战后美国境内的劳动力短缺问题；1965 年国会新颁布的移民法修正了 1952 年《移民与国籍法》中歧视性的"国籍配额"限制，并优先考虑以家庭团圆为由的移民。这些措施带给美国近代史一大转变，大量的各国人民移居美国。美国移民法规最近一次大幅度修改是1990年的新移民法。这项移民法修正的最大特色在于提高美国合法移民的配额。但这一移民政策仍有缺陷，阻挡了不少在美国留学的精英人才移民美国。

美国移民的相关政策

1. 亲属移民

它主要指直系亲属，即美国公民的配偶、未成年子女与成年公民之父母。

第一优先：美国公民之未婚成年子女；

第二优先：永久居民之配偶与未婚子女；

第三优先：公民之已婚子女；

第四优先：公民之兄弟姐妹。

2. 聘雇就业移民

第一优先：优先劳工——不需取得劳工局之认同，但需具备下列条件：具有特优、特殊或特异技能的外国人，杰出（著名）教授或研究人员，跨国企业的经理或管理级人员。

第二优先：具有学士或更高学位之专业人士，或者在科技、艺术、商业等方面有特殊能力者。

第三优先：技术劳工、初级专业人员、非技术劳工。需具备的条件如下：技术劳工需要两年的技术培训或者工作经验。

第四优先：特殊的移民。宗教人员如牧师、海外单位所聘雇之特定雇员、驻巴拿马运河之员工、国际组织或国际机构的员工。

第五优先：在境内投资设立公司并参加所投资公司运营者。

美国移民政策是近代美国制定的一项非常有意义的政策，但任何政策的制定与实施都具有一定的弊端。20世纪90年代的移民政策是美国适应全球化的准备，但这一套政策仍然有缺陷：对在美留学生的配额少，阻碍了在美留学生在美国成为高科技技术人才，对建立更完整的劳动结构有很大的影响。移民政策是美国政府的重大财政负担，巨大的花费远超其他组织机构。

美国以每年 100 多万的移民数量吸收来自世界各国的移民，历来被人们看成是移民国家，美国也一直发布政策吸引外国公民移民美国。而美国移民签证类型分为：美国亲属移民（IR1、F1、F2A、F2B、F3、F4）、美国公民配偶移民（CR1）、美国公民长期居住外国而申请其外国配偶移民（CR1）、美国未婚夫妻签证（K1）、美国杰出人才职业移民，包括跨国公司管理人员调派美国转绿卡申请（EB-1）、美国职业移民（由雇主申请劳工证书）（E3）、美国非技术性劳工移民（EW）、美国投资移民（EB-5）、其他非移民签证（B1/B2、H1、L1、F1）。

2001 年《美国移民法》规定，凡具有合法居留权的外国移民，都可以申请加入美国籍，但必须符合一定的条件，才能得到准许：必须在取得永久居留权后，连续在美国居住 5 年——这是取得入籍的最低居住年限；与美国公民结婚的外籍公民必须在保持两年的婚姻生活之后，才能夫妻双方一同向移民局提出入籍的申请；在提出入籍申请时，必须在美国已连续居住 5 年的最后半年里，并且已在当地的州或城市里至少居住了 6 个月的时间；入籍的申请者必须年满 18 岁。在美国已具有永久居留资格的 16 岁以下的外籍人士，其父母已取得美国公民权的，可随同父母自动取得美国国籍。但 16~18 岁之间的子女，则必须独立申请入籍；必须具备初步的英语读、听、说和写的能力；必须在居留美国 5 年的时间里表现良好；必须对美国历史与宪法、移民法有一定的了解；申请公民身份者必须放弃原有的国籍，若仍想保有其原有国籍，则不能成为美国公民。

美国总统奥巴马近日以行政令的方式公布了移民改革措施。这个被一些媒体称为"移民新政"的措施在美国引起了较大反响，支持者有之，反对者更有之，特别是掌控国会参众两院的共和党反应激烈。当地时间 2014 年 11 月 20 日晚，奥巴马在白宫东厅对国民发表讲话时宣布了"移民新政"的主要内容，他同时呼吁美国人同情那些生活在阴影之中的数百万名无证件移民。他说，把这么多人驱逐出境"不是我们美国人应该做的事"，但奥巴马表示，他的举动不会让这类人获得公民身份，因为只有国会才有这种权力。他告诉国会议员，或者接受他的做法，或者做出妥协，在立法层面对移民体系进行全面改革。

美国是个移民国家，目前有1 100多万非法移民（即无证件移民），其中半数是经墨西哥入境的拉美人。根据奥巴马的行政令，在美国生有子女（自然成为美国公民）的非法移民，居住满5年以上，且无重罪记录，可以每三年申请一次工作许可。美国有关部门估算，此类人员总数超过400万人，其中大部分人有资格获得新的合法身份，在美国合法地工作。此外，新政的其他内容还将确保另外100万人免遭驱逐。青少年移民组织"梦想联盟"的宣传主管说，将有"500万人会感受到这个国家的温暖怀抱"。

奥巴马此时推出"移民新政"，也不单是为了解决非法移民问题这么简单，政治的考量恐怕更为重要。前不久的中期选举，民主党惨败，造成了共和党在参、众两院占多数的局面。2016年，美国又将迎来总统大选。奥巴马的移民改革，在争取移民群体的支持方面会有较大作用。2014年11月21日，奥巴马在访问内华达州拉斯维加斯时，连续五次强调"不会放弃"移民政策改革，呼吁国会制定永久性的法案来解决移民问题。在拉斯维加斯，拉美裔美国人是一个庞大的选民群体。

奥巴马的"移民新政"在民主党、共和党之间引起激烈的政治纷争当在意料之中。其实，共和党在奥巴马"移民新政"酝酿阶段就明确表示不支持。奥巴马主张通过一些措施将来自拉美的非法移民"合法化"，但共和党认为重点应放在杜绝非法移民入境上。对奥巴马绕开国会以行政令方式单边行事的做法，共和党更是感到恼火，众议长博纳甚至指责奥巴马的表现像个"独裁的皇帝"，并称："如果总统坚持己见，我们将与他对抗到底！"

而民主党方面称，移民改革对美国经济增长、国土安全和未来发展都有益处。希拉里·克林顿发表声明支持奥巴马的

"移民新政"，同时指责共和党"在移民问题上推卸责任"。希拉里在 2008 年被奥巴马盖过风头从而未能成为民主党总统选举提名人，这次在 2016 年代表民主党竞选美国总统，但是最终被共和党"黑马"特朗普击败而未能当上总统。

美国移民政策改革

（1）加强边境管理、遣返近期入境的非法移民。

（2）将警力更多地集中于打击罪犯，而不是指向辛勤工作的美国公民身上。

（3）允许在美居住 5 年以上的非法移民以及美国公民的非法移民的父母通过背景审查，并在美缴税，以合法地临时居留在美国。

（4）放宽等待绿卡的高技术移民的工作许可。

美国最新的移民政策有两个要点：对以往移民权益的宽松与对新移民审查的严格，对移民罪犯的严厉打击与对守法移民的权益保障。

第一条政策主要是为了加大对非法移民的打击力度，防止过多移民涌入，从而缓解因过多移民带来的社会不稳定因素，例如非法用工、暴力犯罪和毒品交易。美国着力加强对从拉丁美洲地区尤其是从墨西哥涌入的非法移民的审查、加强边境巡逻与移民审核、家庭背景调查。美国与墨西哥接壤，墨西哥猖獗的毒品交易使得许多人因走投无路而涌进美国，然而正是这样，也会带来更多的涉及毒品的犯罪。

第二条政策中指出了对非法移民犯罪的打击力度加大，这与第一条中加大审查力度相呼应，能排除很多社会不稳定因素。

第三条减少了对合法移民的亲属的审核，放宽他们的移民条件，有利于更多的合法守法的移民的进入，有利于经济发展和社会稳定。

第四条改革的目的很明确，即吸收高技术移民，吸收各国的精英，放宽对他们的工作许可，这样能吸引更多的高技术人才，给经济萧条中的美国带来巨大的活力。然而关于技术标准的审查却是一个难点，可能会在执行中带来一些问题。

不难看出，最新的美国移民政策也是当今世界经济不景气的环境下催生出的产物。工业集团需要大量廉价劳动力来加大生产，增加利润，振兴经济，而美国的移民正是最好的廉价劳动力来源。改革的确立，有助于美国吸引劳动力进入，同时移民涌入带来的消费增长也对国家经济发展是一个好消息。移民涌入带来的问题在改革中也能看出，加大审查、提高移民质量、吸引高技术移民、打击犯罪、遣返近期非法移民都有利于社会稳定。

最新的美国移民改革政策对移民来说虽是两面性的，但新移民更难进入与加强对以往移民的权益保障对美国来说都是有好处的，减少了外来的不稳定因素，同时给国家内部经济发展以动力。

内容回顾：

本章运用精英主义模型分析美国的世界贸易政策。从美国的贸易政策的演进历程看，美国经历了从贸易保护主义走向贸易自由主义的过程，但是 20 世纪 70 年代以来限制贸易的政策倾向有所抬头。美国制造业的衰退及其所带来的工作岗位的消失以及移民政策的发展，从总体上表明，美国的世界贸易政策是为国内最大跨国公司的利益服务的，而以牺牲普通工人的利益为代价。

学习本章，应重点掌握下列几个知识点：世界贸易政策、美国经济政策对制造业的影响、美国移民的相关政策及其改革。

复习思考题：

一、选择题

1. 下列（　　）协议属于美国、加拿大、亚太地区等 12 个国家之间的大型自由贸易协定。它是于 2015 年 10 月 5 日在美国部长会议上达成的一个基本协议，该协议被奥巴马称为"美国重返亚洲策略的一环"。

 A. TPP（跨太平洋战略经济伙伴协定）

 B. NAFTA（北美自由贸易协定）

 C. FTAA（美洲自由贸易协定）

 D. TTIP（跨大西洋贸易与投资伙伴协议）

2. 下列（　　）说明美国移民政策重点在于吸收高技术移民，吸收各国的精英，放宽对他们的工作许可，吸引更多的高技术人才，给经济萧条中的美国带来巨大活力。

 A. 加强边境管理、遣返近期入境的非法移民

 B. 将警力更多地集中于打击犯罪，而不是指向辛勤工作的美国公民身上

 C. 允许在美居住5年以上的非法移民以及美国公民的非法移民的父母通过背景审查，并在美缴税，以合法地临时居留在美国

 D. 放宽等待绿卡的高技术移民的工作许可

3. 下列（　　）项不属于世界贸易的"保护主义"。

 A. 关税

 B. 配额

 C. 其他阻碍自由贸易的壁垒

 D. 世界贸易组织（World Trade Organization，WTO）

4. 美国进口商品的货币价格高于其出口商品的货币价格，二者之间的差额就被称为（　　）。

 A. 倾销   B. 贸易顺差

 C. 贸易逆差   D. 自由贸易

5. 美国力求实现国际贸易和投资的自由化。在此背景下，精英集团对工人实际工资的下降以及不平等加剧的回应措施是（　　）。

 A. 通过接受更好的教育和加强培训来提高劳动生产率

 B. 实现种族结构的多元化

 C. 通过移民政策，降低劳动力成本

D. 通过福利项目实现社会平等

答案：1. A　2. D　3. D　4. C　5. A

二、思考题

1. 美国经济对制造业的影响。

2. 奥巴马推出的"移民新政"是什么？你是如何看待"移民新政"的？

三、案例分析

（一）美国世界贸易数据相关看点

看点一：美国 2014 年 4 月进出口贸易数据（参见下图）

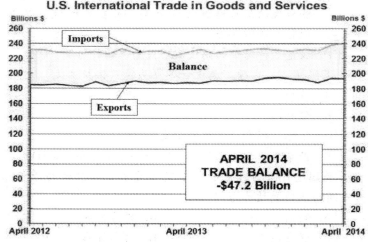

6 月 4 日，美国商务部公布了 2014 年 4 月的进出口数据。数据显示，美国 2014 年 4 月出口为 1 933 亿美元，进口为 2 406 亿美元，贸易逆差 472 亿美元，比 3 月 442 亿美元的修正值略有增长。其中，4 月出口比 3 月的 1 937 亿美元减少了 3 亿美元，进口比 3 月的 2 378 亿美元增加了 27 亿美元（注：美方数据可能存在统计上的四舍五入问题）。

2014 年 4 月，美国货物贸易逆差比 2014 年 3 月的 658 亿美元增加了 33 亿美元，服务贸易顺差比 2014 年 3 月的 186 亿美元增加了 2 亿美元。其中，货物出口额为 1 351 亿美元，比 3 月减少了 6 亿美元；货物进口额为 2 009 亿美元，增加了 27 亿美元。服务贸易出口额为 582 亿美元，增加了 3 亿美元；服务贸易进口额为 397 亿美元，增加了 1 亿美元。

2014 年 4 月美国货物和服务贸易的进出口逆差比 2013 年 4 月增长了 68 亿美元，其中，出口增长 56 亿美元，增长了 3%；进口增长 124 亿美元，增长了 5.4%。

看点二：2015 年美国出口下降，贸易逆差扩大

美国商务部经济分析局 17 日公布的数据显示，2015 年美国货物和服务贸易逆差 5 398 亿美元，同比增长 6.2%。

货物出口从 2014 年的 16 326 亿美元下降至 15 135 亿美元，为 2009 年以来首次负增长；进口从 2014 年的 23 741 亿美元，下降至 22 728 亿美元。货物贸易逆差扩大至 7 593 亿美元，同比增长 2.4%。

服务贸易顺差下降，从 2014 年的 2 331 亿美元下降至 2 196 亿美元。服务出口从 2014 年的 7 106 亿美元下降至 7 102 亿美元；服务进口从 2014 年的 4 774 亿美元增加至 4 906 亿美元。

2015 年美国经常项目赤字 4 841 亿美元，同比增长 24%，创 2008 年以来新高，占 GDP 比重从 2014 年的 2.2% 上升至 2.7%。美元升值、出口下降以及海外汇回收益缩水是造成美国经常项目恶化的主因。

看点三：2016 年 1 月美国出口降至五年半以来最低，贸易赤字扩大 2.2%

美国商务部 3 月 4 日发布的数据显示，1 月份，美国贸易赤字扩大 2.2% 至 457 亿美元，2015 年 12 月贸易赤字由之前的 443 亿美元向上修正至 447 亿美元；美国对华贸易赤字扩大 3.7% 至 289 亿美元。

受美元走强和国际需求减弱影响，美国出口连续 4 个月下降。1 月商品出口下降 3.3% 至 1 169 亿美元，为 2010 年 11 月以

来最低水平；商品和服务总体出口下降 2.1%，为 2011 年 6 月以来最低水平；食品、石油产品出口降至 2010 年 9 月以来最低水平；工业用品和原料出口降至 2010 年 3 月以来最低水平；非石油产品出口降至 2011 年 2 月以来最低水平。

1 月商品进口下降 1.6% 至 1 806 亿美元，为 2011 年 2 月以来最低水平。工业用品和原料进口均有所下降，但汽车进口创下历史最高记录。

思考：

1. 解释"贸易顺差"和"贸易逆差"。美国的世界贸易长久以来属于哪一种？它是否有利于美国经济发展？

2. 运用"比较优势"理论阐释美国为什么要实行贸易自由主义。

3. 请结合现实论述世界贸易对美国的积极作用有哪些。

4. 为什么精英集团在国际贸易中获益的同时，大众利益却遭受损失？请运用精英主义模型解释。

140

（二）美国新移民人数创新高　来自亚洲的移民的数量持续增长

据美国媒体报道，美国保守智库移民研究中心的最新人口普查报告显示，全美 2014 年的移民人口数量比 1980 年增加了一倍多，截至 2014 年 7 月底，美国移民人口已达到了创记录的 4 240 万人，而截至 2015 年 9 月底，相信这一数字应该已经超过了 4 400 万。也就是说，每八个美国公民中就有一个是在外国出生的。此外，报告还指出，近年来，来自中东地区的移民的数量增长最为迅速。

报告指出，在 2008 年美国经济危机爆发后，美国的移民数量仍在持续稳定增加，2010—2014 年之间，就有 520 万新移民进入美国，仅在 2014 年就新增了 100 万移民。

单从数字上来看，美国的移民人口中，还是以来自墨西哥、中美洲、中国和印度的移民数量最多。美国的墨西哥移民在 2013 年增加了 13 万人，目前约有包括无证移民在内的 1 170 万墨西哥移民住在美国。

美国社会的公共政策

在过去五年进入美国的新移民中，以印度移民最多，为42.6万人；其次是中国，为35.3万人。

该报告还指出，在过去五年中，来自伊斯兰教国家的新移民的数量正在激增。沙特阿拉伯的移民的增幅比重最大，增多了93%；来自孟加拉的移民数量则增多了37%；伊拉克排在第三位，其前往美国的移民数量增加了25%。与此同时，来自欧洲和加拿大的移民数量则在下降。

从美国各州的统计来看，过去五年内，得克萨斯州接受的移民最多，2010—2014年间，该州接纳了38万新移民；其次是加利福尼亚州，该州接纳了36.2万人；排在之后的分别为弗吉尼亚州（31.5万人）、纽约州（16.8万人）和新泽西州（11.6万人）。

报道称，在近几年涌入美国的新移民中，许多人来自亚洲，而加利福尼亚州和弗吉尼亚州则是亚洲新移民最喜欢居住的两个地区。

最新的人口普查报告显示，虽然墨西哥和中美洲的移民在美国移民数量中仍占大多数，但是从亚洲来到美国的移民数量正在持续增加。

2013—2014年之间，共有573 439名来自亚洲的移民进入美国，其中来自印度的新移民为17.1万人，来自中国的新移民为13.6万人。

此外，来自亚洲的新移民和来自其他地区的移民以及美国本土民众相比，一般具有更高的学历。

在移民数量最多的加利福尼亚州，该州共有3 880万人口，其中27%也就是1 005万人口是移民。在移民中，有一半是拉丁裔移民，还有1/3是亚洲裔移民。

——来源：中国新闻网. 美国新移民人数创新高 来自亚洲的移民的数量持续增长

思考：

1. 简述美国的相关移民政策及其政策改革。

2. 美国的移民政策对美国经济带来了什么影响？

第九章
美国的环境政策

第一节　美国的环境政策概况

　　所有的人类活动都会产生废弃物。环境问题专家、大众传媒、政治家和官僚们可能将污染描述成一种"道德之恶"，但事实上污染是一种生产成本。就像我们不能阻止我们身体的自然功能一样，我们不能阻止污染。我们一旦理解到污染是不能阻止的进而开始将污染视为人类社会的一种成本时，我们就能制定具有创造性的环境政策。

　　1970 年，美国联邦政府成立了环境保护署（Environmental Protection Agency，简称 EPA），负责协调和监督全国的环保工作；并于同年颁布了《全国环境政策条例》（National Environmental Policy Act）。该条例至今仍是美国最重要的联邦环境保护法律之一。除了政府机构之外，美国还有许多民间的环境保护组织，如"美好地球基金会"（Good Earth Foundation，简称 GEF）等。到目前为止，美国联邦政府已经制定了几十个环境保护法律和上千个环境保护条例，形成了一个庞大的和完善的环境法律体系，主要负责维护自然环境和保护人类健康不受环境的危害。

　　加强环境教育：环境保护署努力开展教育工作，培养公众的环保意识和责任感。

环境保护署是根据理查德·尼克松总统的一项行政命令建立的，其目的是重组联邦政府机构以加强对下列问题的控制：①水污染；②空气污染；③固体废弃物处理；④放射性物质的控制；⑤危险和有毒物质控制。环境保护署是一个有权制定和执行环保政策的管制机构。

1970 年美国国会创设了改善环境质量委员会（Council on Environmental Quality，简称 CEQ），就环境保护问题向总统和国会提供建议，因此可以说改善环境质量委员会是一个咨询机构。

1970 年《空气洁净法案》授权环境保护署认定对人体健康造成威胁的污染物，以及制定和执行排放标准。

1972 年《水污染控制法案》巩固了早期的控制污染的法律，却设定了一个不现实的目标："到 1985 年杜绝向可通航水域排放污染物。"经过一系列的诉讼后，环境保护署被迫放弃零排放的标准。

1973 年《濒危物种保护法案》授权美国鱼类和野生动植物保护组织确定需要国家保护的濒危物种，以及管理人类在它们的"主要栖息地"的活动。

《1976 年资源保护和恢复法案》授权环境保护署监督全国固体废弃物的清理和处理，包括对填埋场、焚化装置、工业废弃物、危险废弃物和回收项目的管制。

1976 年《有毒物质控制法案》授权环境保护署确定有毒危险物质的名单，并制定这些物质的排放标准。

1980 年《全面环境应急法案》建立了一个"超级基金"，以清理原来的有毒和危险废弃物的填埋地点。

1990 年《空气洁净法案》的修正案制定了许多新的规定，目的是消除各种公认的对环境的威胁。

布鲁金斯学会近日发表的一份环境调查报告指出：美国大都市居民比小城市或者郊区的居民人均二氧化碳消耗更低，这意味着生活在大都市的居民过着更加环保、节能的生活。在这 100 个大都市中，人均二氧化碳消耗量最大的城市是肯塔基州的

莱克星顿,最小的则是夏威夷的檀香山,分别是 3.81 吨和 1.5
吨。人均二氧化碳消耗量还随着气候、燃油类型和地理位置的
差异而有所不同,其中西部城市的消耗相对更低,因为西部的
气候更适合驱散污染物,而且电费和燃油费更高,降低了人们
对能源的需求。二氧化碳是主要的温室气体之一,也是全球气
候变暖的罪魁祸首。作为全球最大的二氧化碳消耗国,每年全
美的二氧化碳排放总量为 66 亿吨。

但美国正在为亚洲鲤鱼的数量而担忧,因为它们数量庞大,
已达到人类无法控制的地步,美国担心它们进入了密西西比河,
破坏了美国的生态平衡,美国官方已将它们列为"最危险的外
来鱼种"。

美国的环境质量总体非常好,这除了得益于先天优越的自
然条件外,与美国环保工作的高成效有关——政府、企业和公
众之间,形成了"共同但有区别的责任意识"。政府的作用,主
要是投资、规划和监管(立法和执法)。企业方面,多数大企业
都很重视承担社会责任,环保资助、污染补偿做得比较好。除
了企业,非营利机构、社区等对环保的投资也相当大,其资金
主要来自老百姓的捐款。

美国对超过规定排放量的企业实行严厉处罚,每年年终检
查,SO_2 排放每超过一吨将被罚款 2 000 美元。与每吨 SO_2 的减
排成本不到 1 000 美元相比,减排行动比超排更合算,这有效地
消除了企业违规的动机。在交易实践上,交易费用是一个不可
忽视的问题,它会影响排污权交易效率,是影响排污权交易市
场活跃程度的最敏感的变量。

美国拥有世界第三大的国土面积,但是人口总量却仅有 3.1
亿,其主要国土面积都位于最适宜人类居住的北温带,而且拥
有东、西两条海岸线,气候湿润,平原多、荒漠少,人口分布
比较合理。充裕的环境资源容量还得益于美国高度重视对重要
生态功能区的保护,各类生态功能区一经划定就具有法定效力,
不得随意更改。纽约中央公园、旧金山金门公园、红木国家公
园等一大批国家和州立森林公园都有百年以上的建园史。美国

国家公园管理局管理着 57 座国家公园、327 处自然和历史保护地，可以说，美国的自然精华都得到了良好的保护。从 20 世纪 20 年代开始，美国就一直在主导着世界工业化潮流，并从 20 世纪 80 年代开始步入工业化后期生态恢复阶段。如今的美国仍然是美丽花园，因为它已经经过了几十年的生态恢复，更重要的则是它的工农业发展拥有与生俱来的充裕环境容量，经受得住经济发展的"折腾"。

从某种程度上说，美国的生态环境保护历史就是一部环境保护法制史，法制贯穿于美国生态环境保护的一切工作中。美国生态环境保护立法遵循三大基本原则：第一，为所有的联邦机构规定了特别职责；第二，创设对私人企业的生产和生产过程所产生的污染处置加以管理的污染规制体系；第三，颁布对某些特殊性质的地域、植物、动物加以特殊保护的法规。美国联邦、州、区域和地方政府都可以制定本辖区的环境保护政策目标，但是下一级政府制定的规定只能比上一级政府制定的规定更加严格，同时四级政府之间相互合作，共同制定规则并监督实施，以确保环境保护目标实现。美国的环境保护政策还规定，非政府组织、公众和媒体可以对环境保护目标实现情况进行监督，并可以对失职行为提出诉讼或弹劾。

只有当污染不成为生产者的成本——那就是说，当生产者可以忽视其污染成本，且将该成本转嫁给他人或整个社会时，公正选择理论才视污染为一个"问题"。当个人、公司和政府从事一种将额外成本强加给他人的活动时，"外部性"就出现了。

出台环境政策的成本是非常高昂的。当考虑到环境治理的重要性时，这些代价往往被忽视了。

公共选择理论要求根据环境政策对社会的净收益来评估这些政策的效果。也就是说，环境政策的成本不应当超过其给社会带来的收益。

各种机构中的官僚，包括环境保护署的官僚，都会出于许多动机而高估环境风险，并把过多的治理成本强加给社会。

传统上，环境政策依赖于集中和统一的控制——行政的或者立法的规章制度，要求使用环境控制设备或对特定的环境场所和污染源实施严格的排放标准。

虽然政府行为在抑制环境的外部性上具有必要性，但公共选择理论仍认为建立私人的经济激励机制来降低污染比依赖集中、统一的特定规章更好。

美国《全国环境政策条例》制定于20世纪70年代。作为国际上最早出现的环境保护基本法，它在环境保护理念、制度和程序构建等方面有突破性规定。它至今仍能体现立法者的前瞻性，同时它也体现出美国环境法律从依赖普通法为主向依赖特定法为主来实现环境质量目标。

美国的环境法是经过时代的检验才逐渐完善的。在人类的历史上，美国是第一个能够在破坏自然环境100年后就开始立法保护自然环境的国家。此后，美国保护环境的法律逐步发展，并在特定方面有所改善，如保护森林、野生动物等。

环境政策的设定受到有影响力的个人、有组织的利益集团、设计政策的组织、政治候选人、官居一定职位的人以及重要的大众媒体的影响。数据显示，尽管美国人口在增长，废弃物却在以更快的速度增长。总体而言，固体废弃物、有毒废弃物、水污染、空气污染等问题在环境法的制约下逐渐改善。绝大多数美国人认为环境政策是自上而下制定的。

每个美国人每天产生约4.5磅即约2千克的固体废弃物。全美国每年向环境倾倒的废弃物包括8 200万吨水、480亿个罐头盒子、260亿个瓶子和杯子、20亿个一次性剃刀、160亿片一次性尿布和400万辆汽车和卡车等。国家每年花费几十亿美元把这些固体垃圾从公民居住区和工厂里运出来。一般来说，有3种处理固体废弃物的基本方法。现代的填埋法几乎完全取代了城镇垃圾堆放法，一些社区花钱租用其他社区的垃圾填埋场，与垃圾产生地有几百千米之遥，但这并不是长久的解决之道。另外一种方法是垃圾焚烧。这种垃圾处理方法存在的一个问题是，焚烧垃圾仍然会排放污染物。另外一个问题是，在垃圾分拣过程中分离出的垃圾仍然需要处理，因此对垃圾填埋地点的需求只是减少了，但仍无法完全消除。第三种就是循环再利用。在美国，约有 30% 的固体废弃物被循环再利用，20 年前只有 10% 的固体废弃物被回收再利用。

许多物质都被环境保护署宣布为有害物质，有毒化学物质的排放量在过去的 10 年里减少了近一半。美国也避免了类似于印度博帕尔死亡 3 000 人的毒物泄漏事故。核能废弃物是一个特殊的问题，这些废弃物具有放射性。美国大多数核废弃物都存放在其生产地，还没有找到长期的处理方案。来自旧的垃圾填埋地点的有害废弃物也形成了一大环境难题。依据 1980 年和 1986 年颁布的《超级基金法案》，环境保护署承担清除这些垃圾填埋点的责任。环境保护署基于危险等级系统，列出了国家优先治理的地点清单。环境保护署共列出了 1 500 多个有害垃圾填埋点，但到目前为止，只有约 40 个（占总数的 3%）已被完全清理干净。

水污染主要来源于：①家庭污染；②工业污染；③化肥、杀虫剂等农业残留；④自然的循环过程，包括残渣堆积和沉淀，这一过程可能因附近的建设过程而加剧。总体而言，农业是美国水污染的主要源头。依据 1974 年《安全饮用水法案》，环境保护署有权设定全国水质的最低标准。但环境保护署并没有把渣滓、细菌、磷酸盐和其他污染物的含量设定为零标准。在最近的 20 年来，美国的水质有了显著的提高。

空气污染物有颗粒物质和废气两大类。环境保护署制定了限制条款以控制特殊物质（煤烟、粉尘）的排放。但在纽约、芝加哥、华盛顿特区等地方，这些物质的排放量大大超出了限制。环境保护署宣称 1970 年颁布的《空气洁净法案》及其修正案的实施，使得 48% 的主要污染物在 30 年间已经全面减少。尽管国内生产总值增长了 145%，交通运输里程增加了 155%，能源消费增多了 42%，人口增长了 38%，但空气质量还是得到了显著提高。

环境政策的执行涉及为执行立法机关所确定的政策而设计的所有活动。1997 年，在联合国关于全球气候变化的大会上，经谈判形成了《京都议定书》。但美国拒签。美国人对履行这一政策能否成功阻止或减缓全球气候变化还不能确定。当然，环境政策需要公众的力量，只有加强公众的环保意识，整个社会的环境问题才会大幅度改善。

美国环境法是美国制定的关于保护环境和防治污染的法律法规的总称。第一个关于污染防治方面的法律是1899年的《河流与港口法》（亦称《垃圾法》）。随后又颁布了《联邦杀虫剂法》（1910年）、《防止河流油污染法》（1924年）、《联邦食品、药品和化妆品法》（1938年）等。20世纪50年代前后，由于环境污染事件增多，美国开始重视联邦的污染防治立法，先后颁布了《联邦水污染控制法》（1948年）、《联邦杀虫剂、灭菌剂及灭鼠剂法》（1947年）、《原子能法》（1954年）、《联邦大气污染控制法》（1955年）、《联邦有害物质法》（1960年）、《鱼类和野生生物协调法》（1965年）、《空气质量法》（1967年）、《自然和风景河流法》（1968年）等。此外，还多次修改了《水污染防治法》和《大气污染防治法》。到1970年，美国颁布了《全国环境政策条例》，标志着其环境政策和立法进入了一个新的阶段，从以治为主变为以防为主，从防治污染转变为保护整个生态环境。随后，又颁布了《环境质量改善法》（1970年）、《美国环境教育法》（1970年）、《海岸管理法》（1972年）、《海洋哺乳动物保护法》（1972年）、《海洋保护研究及禁渔区法》（1972年）、《联邦环境杀虫剂控制法》（1972年）、《噪声控制法》（1972年）、《安全饮用水法》（1974年）、《濒危物种保护法案》（1973年）、《联邦土地政策及管理法》（1976年）、《有毒物质运输法》（1975年）、《资源保护与回收法》（1976年）和《有毒物质控制法》（1976年）。进入20世纪80年代后，美国进一步加强了酸、能源、资源和废弃物处置方面的立法，制定了《酸雨法》（1980年）、《机动车燃料效益法》（1980年）、《生物量及酒精燃料法》（1980年）、《固体废弃物处置法》（1980年）、《超级基金法》（1980年）和《核废弃物政策法》（1982年）。到目前为止，美国联邦政府已经制定了几十个环境保护法律、上千个环境保护条例，形成了一个庞杂的和完善的环境法体系。美国是一个联邦制国家，各州也有自己的环境法，并具有重要作用。

美国环境法历史分为三个时代：初始时代、奠基时代、成熟时代。通过对时代的界定就可看出环境法在各时期的发展状况。如初始时代的美国环境法处于初创时期。此时当代意义上的环境法概念尚不存在，但是已经有了原始的保护环境的法律。初始时代保护环境法律的立法目的并非保护环境，而是商业目的和人类的功利追求。它们将 900 多万平方千米土地上的自然环境破坏得如此严重，同时又取得了举世公认的成就。也没有哪一个国家能够在破坏自然环境 100 年后就开始立法保护自然环境。造成这种现象发生的根本原因是科技、经济、法律和社会在这 100 年间的巨大进步。在欧洲移民刚刚踏上如今属于美国的土地时，他们破坏自然的能力还非常有限。在自然面前，他们几乎不堪一击。这可以从早期殖民者极高的死亡率得到证实。随着科技的发展，殖民者们破坏自然和保护自我的能力迅速提高，美国的自然环境受到了严重破坏。独立并建国后，美国征服并开拓了北美大陆自大西洋至太平洋的广阔区域，严重毁坏了美国的自然环境。此时，美国人开始思考自然与人之间的关系。

149

第二节　美国对于全球变暖问题的态度

人们焚烧化石燃料如石油、煤炭等，或砍伐森林并将其焚烧时，会产生大量的二氧化碳等温室气体。这些温室气体对来自太阳辐射的可见光具有高度透过性，而对地球发射出来的长波辐射具有高度吸收性，能吸收地面辐射中的红外线，导致地球温度上升，即温室效应。而当温室效应不断积累，导致地气系统吸收与发射的能量不平衡，能量不断在地气系统积累，导致温度上升，从而造成全球气候变暖这一现象。

全球变暖表现在 1981—1990 年全球平均气温比 100 年前上升了 0.48℃。导致全球变暖的主要原因是人类在近一个世纪以来大量使用矿物燃料（如煤、石油等），排放出大量的 CO_2 等多种温室气体。这些温室气体导致全球气候变暖。在 20 世纪，全世界平均温度约攀升 0.6℃。北半球春天冰雪解冻期比 150 年前提前了 9 天，而秋天霜冻开始时间却晚了约 10 天。20 世纪 90 年代是自 19 世纪中期开始温度记录工作以来最温暖的 10 年，在记录上最热的几年依次是：1998 年、2002 年、2003 年、2001 年和 1997 年。

气候变得更暖和，冰川消融，海平面升高，引起海岸滩涂湿地、红树林和珊瑚礁等生态群丧失，海岸侵蚀，全球变暖，海水入侵沿海地下淡水层，沿海土地盐渍化等，从而造成海岸、河口、海湾自然生态环境失衡，给海岸生态环境系统带来灾难。

美国总统科学顾问委员会向肯尼迪总统提交《农药的使用》报告，证实了卡逊的警告，从而把环境问题正式提到联邦政府的议事日程上。1965 年，该委员会又向约翰逊总统提交《恢复我们的环境质量》报告，是美国现代环境史上第一个政府发表的综合环境报告，全面考察了现代社会所面临的各种污染问题，包括排放二氧化碳所引起的全球变暖现象，提出了通过制定经济鼓励措施减少污染、加强环保方面的研究和人才培养等建议。

环境保护主义者认为，现在需要采取"猛烈的行动"来避免"灾难性"的全球变暖。美国前副总统阿尔·戈尔（Al Gore）是这种观点的典型代表，即政府不能坐等有充分科学证据证实全球变暖再采取行动，而必须立即建立一个"全球环境规范系统"以"拯救我们的地球"。1992 年，在里约热内卢，美国时任总统老布什签署《全球气候变化公约》即《里约协定》并经美国参议院批准通过。近年来，奥巴马政府更强调新兴能源产业发展和增效节能，力求将经济复苏、能源安全与气候变化统筹考虑。目前，美国内外大环境为奥巴马在任期间内促能源转型、外推气候变化政策奠定了良好基础。

1997 年对《里约协定》的一次具有深远意义的修订，即我们所知的《京都议定书》，在联合国关于全球气候变化大会上经过谈判而达成。尽管《里约协定》要求各国自主决定降低温室气体的排放量，但《京都议定书》要求美国和其他发达国家在2008—2012年间将其排放量降低到1990年的标准。美国虽然拒签，但到目前为止，奥巴马的科技、能源与环境政策可谓兼顾了理想和现实。作为其施政的一个核心举措，奥巴马政府许诺10年内拨款1 500亿美元发展和启用清洁能源技术，希望以此来创造就业机会、刺激美国经济发展，减少对外国石油的依赖，减缓全球变暖的态势，并引领世界新能源经济时代。

第三节　美国的核电问题

为了满足不断增长的电力需要，促进国民经济可持续发展，美国是进行核电开发的先驱，因为核能是人类可获得的最干净、最安全的能源方式。仅在1990年，美国就有超过100座商业化核动力堆投入运行（注：期间有核能反对者的抵制，不然数量会更多）。然而因为广岛核弹爆炸的后果令人心惊，很多人还是对核问题有一种抵触心理，核电的发展因此一直处于停滞不前的状态。近几年，伴随着工业的不断发展，能源的重要性使得清洁、经济、可靠的核能也有了复兴的趋势。美国一直是全球第一大核能电力消费国，但过去的整整30年，美国没有建成一座核电厂，直到2010年，奥巴马政府决议兴建两座新的核电站。这段漫长的空窗期的拐点就出现在1979年宾夕法尼亚州三里岛发生核泄漏危机。

经过三里岛核泄漏危机之后，美国的核电站建设开始陷入停滞。在事故发生后5年内，更是直接取消了51个核电站建设项目。

2005年，在任的小布什因为海湾战局不利，重提兴建核电站的计划；2010年3月，奥巴马政府通过了这项始自2007年的决议：由联邦政府贷款83亿美元在佐治亚州的Waynesboro附近兴建两座第四代核电站。

奥巴马在白宫的发言中宣称："为了创造更多的工作机会，创造清洁能源的消费，我们需要更高效的产品。能满足这一要求的做法，就是在这个国家建造新型核电站。"

事实上，三里岛事故发生后，在美国和欧洲掀起了巨大的反核电声浪，它们多少受到了"冷战"核恐惧的推动。但今天，美国人对核泄漏的糟糕记忆，在能源危机的压力下被遗忘了。新的危机好像赋予了核电新的机遇。尽管美国在短期内仍然奉行"向海外要石油"的能源政策，但是向碳排放征税最终会促使美国转向新兴的清洁能源，从而逐步取代海外的石油。比起风力、太阳能等新能源发电，核电厂的建造成本虽高，但使用效率也要高得多。

2003 年，美国有 3 家公用事业公司与能源部合作，在共同承担建造成本的前提下，向美国核管理委员会（NRC）提交了申请，希望建造核反应堆地址的报告能早日得到批准。2004 年，美国能源部宣布，与两个工业集团合作，共同承担建造成本，向 NRC 申请建造和运行新反应堆的许可证。此后，有多家公用事业公司先后宣布有计划申请反应堆许可证。很快，全美有意建造新反应堆的数量就达到 20 个。2006 年 5 月，美国 NRC 主席 Nil J. Diaz 在向参议院能源和自然资源委员会做证时说，申请建造反应堆许可证总数已有 25 个，其中 5 个仍在积极考虑申报之中。

虽然核电的优点多多，然而我们也不能忽视发展核电过程中存在的问题。当然小心谨慎一点总不会有错。

内容回顾：

本章运用公共选择理论模型解释环境政策。污染是一种生产成本，但是当生产者忽视其污染成本，并将其转嫁给他人或整个社会时，环境的外部性问题就产生了。公共选择理论要求根据环境政策对社会的净收益来评估这些政策的效果。美国不仅重视政府行为对环境外部性问题的抑制作用，更强调建立私人的经济激励机制来降低污染。美国对于全球变暖持积极应对态度，而对于核电的使用较为谨慎。

学习本章，应重点掌握下列几个知识点：环境保护署、环境的外部性问题及其解决措施、《美国环境法》、全球变暖、美国的核电问题。

复习思考题：

一、选择题

1. 下列（　　）项不属于处理固体废弃物的基本方法。

    A. 掩埋法

    B. 焚化法

    C. 循环再利用法

    D. 囤积法

2. 要求美国和其他发达国家在 2008—2012 年间将其排放量降低到 1990 年的标准属于下列（　　）项。

    A.《里约协定》（Rio Treaty）

    B.《京都议定书》（The Kyoto Protocol）

    C.《1976 年资源保护和恢复法案》（The Resource Conservation and Recovery Act of 1976）

    D.《1980 年全面环境应急法案》（The Comprehensive Environmental Response Act of 1980）

3. 下列（　　）项法案授权环境保护署确定有毒的危险物质名单，并制定这些物质的排放标准。

    A.《1972 年水污染控制法案》

    B.《1990 年空气洁净法案》

    C.《1980 年全面环境应急法案》

    D.《1976 年有毒物质控制法案》

4. 美国生态环境保护立法遵循的三大基本原则不包括下列（　　）项。

    A. 为所有的联邦机构规定了特别职责

B. 创设对私人企业的生产和生产过程中所产生的污染处置加以管理的污染规制体系

C. 颁布对某些特殊性质的地域、植物、动物加以特殊保护的法规

D. 授权环境保护署监督全国固体废弃物的清理和处理

4. 美国对超过规定排放量的企业实行严厉处罚，每年年终检查，二氧化硫排放每超过 1 吨将被罚款（　　）美元。

A. 1 000

B. 2 000

C. 4 000

D. 5 000

答案：1. D　　2. B　　3. D　　4. D　　5. B

二、思考题

1. 环境保护署是 1970 年根据理查德·尼克松总统的一项行政命令建立的，其目的是重组联邦政府机构以加强对哪些问题的控制？

2. 针对环境污染的"外部性"问题，公共选择的解决方案有哪些？

三、案例分析

美国基于技术的日排放总量控制（TMDL)

20 世纪 70 年代以来，农业面源污染逐渐成为世界各国广泛关注的环境问题。所谓农业面污染源，主要是指土壤中的农业投入品（化肥、农药等），在降雨或灌溉过程中，经地表径流、农田排水、地下渗漏等途径进入水体，造成水体污染，它具有随机性、分散性、隐蔽性、广泛性、迁移性等特征。

日排放总量控制的提出是点源污染向面源污染防控的转折点。TMDL 的制定是将点源污染和面源污染结合起来进行综合考虑的总负荷分配过程，从而限定面源污染物的日排放总量，减

少水质污染。控制的目标主要是受污染水体，即 BMPs 没能有效缓解水质受损问题而被拉入"黑名单"进行优先控制的受污染水体。

根据《清洁水法案》303 条款的规定，各州需要鉴定所管辖区的水质，检测基于技术的排放标准情况下水体是否受到了污染，并对水体污染的严重性、水体所处区域及功能的重要性排列名次，将"达标"受污染水体列入"黑名单"，并制定污染物日排放总量控制。因此，列出 303 条款清单，鉴定受损水体，是制定和执行 TMDL 的前提和基础，目的在于在有限的资源条件下选择优先性控制。如加州环境法律中对被鉴定为受污染水体的 TMDL 规定是：有毒污染物质的排放不能超过 3%，非毒性污染物的排放不能超过 10%。

TMDL 包括两个组成部分：一是计算数值（Technical TMDL），分别对点源污染和面源污染进行额度分配；二是制订具体的执行计划，由被管部门提出计划，在监管部门审核通过后实施。计划内容必须涉及可测量的参数和时间表，具有可操作性。步骤包括问题鉴定、数字目标（即定量化）、污染源评估、关联分析（发现污染源，并分析与水体污染之间的关联）、计算额度、配额和减量、执行计划。TMDL 的制定和实施过程都是以美国先进的科学技术为先导的，使数值测量具有可靠性和精确性。

TMDL 清晰界定了农业面源污染的概念和防控目标，其科学的量化控制技术成为受污染水体治理和恢复的先决条件，促使美国防控政策取得重大成效。

——节选自：李梅，吴江. 美国农业面源污染防控政策的推进［J］. 世界农业，2013（11）。

思考：

美国环境政策对美国环境保护起到了什么作用？

第十章
美国的国防及反恐政策

第一节 美国的国防政策

世界上主要大国的国防政策是相互依存的，每个国家都必须不断调整其国防政策，这些政策不仅要反映本国的目标，而且还要反映其对其他大国的行动的预测。政策的结果依赖于对世界各国所做决策的综合考虑。而且，我们完全有理由相信各国都在努力追求国防政策制定的合理化。美国也一样，在分析其所有对手可能实行的战略以后，会选择那些能够得到最大回报的国防战略及政策。

美国国际部标志

美国制定国防安全政策大致可分以下几个步骤：首先要认真评估本国利益以及本国利益所面临的各种威胁。一旦明确了主要的威胁，下一步就是制定应对这些威胁并维护本国利益的战略。战略确定之后，就必须确定所需要的合适的武装力量（军队、人力、武器、训练、装备等）来执行国防政策。最后，必须制定相应的预算来给予这些武装力量以财力支持。按照国家安全宪法来制定理性的国防政策，要经历这样几个阶段：威胁评估、战略选择、军力配备、预算要求。当然，制定国防政策过程中的每一个步骤都可能出现一些分歧与不确定的因素，包括对国家所面临威胁的性质和重要程度的评价、应对这些威胁的正确战略、执行这些战略所必需的武力水平以及提供这些军事力量的资金等方面。

美国针对国防安全所做出的措施

自1945年第二次世界大战结束后的40多年里，美国和苏联两个超级大国进行着对抗，其剧烈程度不亚于历史上任何一次对峙。的确，核武器使"冷战"比过去任何一次国家间的对抗都要危险得多。美国和苏联的核武器库足以毁灭全人类数次。然而，核武器的这种杀伤力也使得两国的领导人在处理双方关系上保持着高度的冷静和克制。在"冷战"期间，不同的国家间发生了许许多多的战争，然而，美国和苏联的军队却从来没有进行过直接的战斗。

美国主要依靠威慑政策来维持和平。威慑是建立在这样一种思想基础上的：一个国家即使在遭受敌国的第一波核攻击后仍拥有反击的能力，以此来有效遏制一个理性的敌国发起攻击的企图。假设发生了最糟糕的情况——本国的核武装遭遇第一波突然袭击，威慑强调的是第二次打击能力——在本国遭受突袭后保留下来的核武装仍能对敌国本土实施毁灭性打击的能力。威慑实际上是一种对突然袭击的心理防御，但至今还没有有效应对弹道导弹袭击的武力威慑。因此，威慑是利用对方对被报复的恐惧心理来维持和平的。

为了执行其威慑战略，美国建立了"三合一"武器系统，包括：陆基洲际弹道导弹、潜射弹道导弹以及战略轰炸机。"三合一"系统的每一条"腿"都被认为是独立的、有生命力的、能进行二次打击的力量。因此，当敌人企图摧毁美国的二次打击能力时，"三合一"系统的每一条"腿"都将成为敌人不得不面对的一道难题。

针对国防安全、国家的稳定，美国也进行过多次"和平谈

157

判"。例如，在 1972 年启动的限制战略武器会谈就具有里程碑式的意义，这次会谈标志着两个超级大国首次做出了限制战略核武器的努力。除此之外，美国和苏联在 1963 年达成了一项协议——《部分禁止核试验条约》，即禁止在空中、水下和太空进行核试验，只允许进行地下核试验，认为这样可以减少大气中的放射性物质。1974 年美国又与苏联展开会谈，签署了《限制地下核试验条约》。所有的这些条约以及进行的会谈，都说明了美国为了国家安全，认为在不发动战争的情形下，和平谈判是最好的方式。

美国国防政策的实施背景

第二次世界大战结束后，美国未来在世界上将扮演何种角色的问题引起了广泛的辩论，而最终产生了两种截然不同的政治观点。第一种观点源于保守主义思想，他们担心一个强大的国家安全体制会危及美国原有的基本价值观、原则和政治制度。他们认为，一个强大的国家安全机构会浪费资源，严格地管制这个国家的人民，并将权力过度集中在联邦政府尤其是军队中。保守主义者还担心，建立一个强大的行政部门会破坏国会和行政部门之间的制衡。第二种观点是一种新的国家安全观念，他们希望美国在世界事务中发挥积极的作用。这种观点强调，世界已经进入全面战争的时代，这种新的威胁需要美国保持更高程度的军事警惕和战备，甚至可以为美国的国防而动员国家的所有资源。此外，他们还认为，"和平与自由是不可分割的，因此，美国领导人别无选择，只有通过捍卫整个自由世界的安全来保卫美国的安全"。两种截然不同的观点之间的辩论最终以妥协告终，并对国防问题达成了共识，也正是这种妥协才产生了日后美国的国家安全体制与国家安全战略。

基于以上的认识，建立更加统一、协调和一体化的安全机构就迫在眉睫。与此同时，在时任海军部长詹姆斯·福莱斯特尔的支持下，费迪南德·埃伯斯塔特召集的一个研究小组，就军事和政府体制的改组进行了专项研究，并于 1945 年 9 月 25 日完成了旨在对美国政府组织体制做出重大改组的《陆军部和海军部的整合以及战后的国家安全组织》即《埃伯斯塔特报告》。该报告奠定了战后美国外交与国防体制，并对《国家安全法》的出台发挥了极为关键的作用。实际上在《埃伯斯塔特报告》中得以确立的国家安全理念不仅反映在新建立的政府组织体制中，也体现在美国"冷战"的总体战略、政策和行为的方方面面。《国家安全法》于 1947 年 7 月 26 日应运而生，依此创建了一大批新机构，包括由"国务院—海军部—陆军部协调委员会"改组而成的国家安全委员会、国家安全资源委员会、直属国家安全委员会的中央情报局、参谋长联席会议等。由此，确立了战后美国国家安全体制的组织制度框架。它不仅是对二战经验的总结，而且也是为适应当时业已展开的"冷战"而做出的制度安排，而国家安全委员会则是这种新组织体制的核心。

美国国防政策所产生的问题

作为全球霸主，在强势发展的背后却隐藏着许多潜在的危机，比如：恐怖袭击、开支巨大、国内民怨四起等一系列导致国家不稳定的因素。随着各国科技、军事以及整个世界的发展，各国的经济和军事力量有明显的提升，而从美国角度而言，作为全球的军事与经济的大国，其全球霸主的地位不言而喻。面对其他国家的快速发展，美国要想保住自己的霸主地位，必须要在现有的基础上快速发展，领先科技最前沿，并且利用自己强大的军事力量强行介入一些有着丰富资源小国的政治斗争，以达到控制其国家的目的，为自己以后的发展争取更多资源，并且遏制某些国家的发展，来维护自己的霸主地位。比如海湾战争、南斯拉夫战争、阿富汗战争、伊拉克战争，这些战争都是美国打着联合国的幌子来为自己国家的发展获取更多的利益，就是为了防止其全球霸主地位的不稳，将所有不安定因素都扼杀在萌芽之中。但这样的发展及其国防政策导致了很多问题，比如伊拉克战争。为争夺伊拉克丰富的石油资源，时任美国总统小布什发动了伊拉克战争，在强大的军事力量保障下，迅速地瓦解了伊拉克政权。但是由于战争后续进行的时间太长，导致美国在战争中的开支巨大，经济压力倍增，又因为全球金融危机的影响，使美国的外债达到了空前巨大的数字，而这些政策的出台全是因为美国新国防政策的"两个四"，即"四大威胁"与"四个核心"。根据五角大楼 2005 年 3 月公布的《国防战略》，美国军方认为美国目前面临 4 个方面的威胁：一是非正规威胁，即非国家或国家组织在对抗更为强大的国家机器时采用的非常规手段，包括恐怖主义、叛乱、内战等；二是灾难性威胁，即恐怖分子或所谓"流氓国家"秘密购买、拥有或使用大规模杀伤性武器或企图获得效果类似于大规模杀伤性武器的手段；三是传统性威胁，即合法拥有先进军事手段和强大军事力量的其他国家在长期军事竞争或冲突中给美国带来的挑战；四是破坏性威胁，即发展、拥有和使用尖端技术的竞争者在某些领域可能赶超美国。基于上述 4 个方面的威胁，国防部长拉姆斯菲尔德提出了美国军事战略要解决的 4 个"核心问题"：一是要帮助"垮台国家"战胜国际恐怖主义威胁，从美国的利益出发维护国际秩序，为此美国可能要有选择地进行武装干涉；二是要保卫本土安全，包括对恐怖组织实施先发制人的打击，为防止本土遭受袭击，美国要准备在全世界范围内打击恐怖分子；三是要影响世界主要大国的战略选择，并确定为达到这一目标所需要的兵力和军种；四是要防止大规模杀伤性武器的扩散，而解决这一问题可能要发动战争，甚至推翻别国政权。

而正是这些政策的制定，确立了美国后续发展的方向，并且美国也毫不犹豫地执行着这些政策。

《2004 年度国防报告》中，系统阐述了美国国防战略的计划原则、军事任务的界定、武装部队成功完成作战任务所需的能力及武器装备发展方向。上述军队建设重点内容大都反映在《2005 财年国防拨款法案》中。从上述三个文本，可以看出，2005 年美国国防战略与军队建设政策动向有以下几方面：

1. 国防战略向"先发制人"转变

自"冷战"结束后，美国成为全球唯一的超级大国。由于军事上没有能与之抗衡的对手，因此，其国防战略主要以威慑为主。然而，小布什政府第一任期开始后不久，突发的"9·11"事件改变了美国人的许多固有观念，同时也引起了其军事战略思想的转变。"9·11"事件使美国人认识到恐怖主义已成为21世纪的主要威胁形式，以反恐战争为主的"不对称战争"也成为新的战争形式。由于恐怖主义具有的隐蔽性与突发性，导致未来威胁的不确定性，即不知道未来风险会在何时、何地、以何种方式爆发，因此，美国就需要相应调整其国防战略，这即是"先发制人"国防战略出台的背景。

　　"先发制人"国防战略，与美国长期以来坚持的"威慑"战略相对应，成为美国新的防务战略。其主要目的就是防患于未然，在觉察到对手对美国有威胁时，抢在其行动之前将其击败。即过去美国主要是通过威慑敌人来保证自身的安全，现在则企图通过先发制人战略迅速击败敌人，从战略上保卫美国及其盟友的安全。正如美国副国务卿阿米塔奇所说："我们不能给敌人先出手打击我们或打击我们的朋友及盟友的机会，不管这些朋友及盟友是阿拉伯国家还是以色列。"根据这一理论，美国有权主观判断（臆测）谁对美国的安全构成了威胁，并采取军事行动，哪怕这种威胁可能实际上并不存在。该计划的核心主旨是：美国要抢先排除一切竞争对手，建立在美国强权下的世界和平，维持美国的全球霸权地位。同时，为适应"先发制人"国防战略的变化，更好地应对现在和未来的威胁，保证美国的安全，2004年美国确立了有效的战略目标和风险管理机制。这种新的平衡风险的机制，不仅包括直接战争计划风险，而且还包括对部队人员管理和军事转型的风险，即降低部队管理风险、降低作战风险、降低机构风险、降低未来挑战风险，达到既能加强部队建设，有效地防止大规模战争等传统威胁的发生，又能防止恐怖主义袭击、计算机网络战及核生化武器攻击等新型威胁，保护美国安全、维护美国国家利益的战略目的。伊拉克战争是"先发制人"国防战略的第一次实践，标志着"冷战"结束后美国的战略思想经过十余年摸索与实践，已经出现重大改变。

2. 建军模式向"基于能力"转变

为配合国防战略的转变，美国建军模式要求重点建设应对21世纪新威胁的能力，而不只是应对特定地区的威胁和需求。"制订防务计划不只是为了防御那些已知的威胁，而且也要应对未知的威胁；不仅要关注谁会在何时、何地威胁美国，而且更要知道以什么样的方式来威胁美国，以及需要什么样的能力来对抗未知威胁。"因此，需要建军模式向"基于能力"转变，最终使美国始终拥有绝对的军事优势，走在所有敌对国家的前面，才能"先发制人"，从军事能力上保卫美国及其盟国的安全，把任意地点、任何时候的针对美国的安全威胁都降到最低。经过近3年"基于能力"的建军探索，并经过"反恐"战争的检验，应该看到，美军"基于能力"（而不是传统的"基于威胁"）的建军模式已基本成型。在布什政府的第2任期内，这一模式得到了不断充实和完善。美国把以"基于能力"的建军模式明确为"1-4-2-1"型。"1"是保护美国本土，"4"是在海外4个地区（欧洲、东北亚、东南亚沿海和中东、西南亚）威慑敌对行动，"2"是在同时发生的2场战争中迅速击败敌人，"1"是至少在其中1场战争中取得决定性胜利。所谓"1-4-2-1"型就是指按以上指标来确定部队的结构和规模。为达到这一目标，美军不是通过扩军来增强实力，而是通过军事转型来实现部队战斗力的大幅提高。为支持"基于能力"的建军模式，布什政府不断加大国防投入，并将国防预算的重点转向建设美国军队应对21世纪威胁的能力方面。2005年的国防预算总额高达4 250亿美元，创历史新高，其主题就是"应对当前的威胁，为将来的挑战做好准备"，并重点强调"赢得全球反恐战争的胜利"和"部队继续转型，应对2010年及其以后所面临的威胁"；全力支持"军事力量的转型"，淘汰不适应战略需求的装备，开发"面向21世纪的新型武器装备和军事技术"。另外，为了建设一支基于能力的新型军事力量，2005财年国防预算加强了在新型装备技术研发、导弹防御、信息和情报、空间以及部队保护等方面的投资。

3. 装备采办向未来作战需要转变

为配合部队建设，需要发展适应未来作战的新型武器装备。最近的几场战争，使美国人深刻认识到，高科技武器具有无比巨大的威力和不可替代的作用。因此，美国一直在加快新武器研制的步伐，并淘汰不适应未来作战需要的装备。2005财年更加注重采办适应未来作战需要的新型武器装备和技术，用于军事科研、开发、试验与评估的费用（RDT&E）达689亿美元，比2002年的474亿美元增长45%；用于购买新型装备的费用达749亿美元，与2004年的742亿美元相比增长不多，但结构有所调整。美军军事科研、开发、试验与评估费预算主要投向作战研发、系统研究及演示、基础研究、应用研究、先进技术发展、先进元件研发及样机等方面。在2005财年的军事预算中，科研、开发、试验及评估费重点支持未来作战所需关键技术与装备的研发。同时，用于军事转型的资金也主要列在科研、开发、试验和评估项目中。这些资金将主要用于美军军事转型工作软、硬件技术的开发和改进，尤其是在战备训练、部队保护、行动速度、协同能力、情报信息、精准武器、无人平台及指挥控制能力等方面，以便在全球反恐战争中充分发挥先进无人作战平台提供的新作战优势和能力。美军削减常规装备，将节省下来的钱用于发展导弹防御体系（NMD）、远程隐形轰炸机、无人驾驶飞机等高科技装备。在这种气氛下，五角大楼2002年5月砍掉了价值高达110亿美元的陆军"十字军"自行火炮合同，2004年又取消了RAH-66"科曼奇"直升机计划，转向无人机的研发上。其原因是当年"科曼奇"的设计是为对抗苏军大规模坦克群作战，显然已不符合现代战争的要求。随着无人机技术的蓬勃发展，"科曼奇"这一致命武器已经远远落在了时代的后面。具备打击能力的无人机恰恰具备了"低成本、高效能"的特点，虽然其仍处于不断完善中，但为了提高战场实时侦察能力，美军已经明确提出了新一代无人机的发展方向：长航时、隐形、空中预警，标志着无人机成为战场打击主力的日子已经为期不远了。另外，2005 财年国防预算还投资 100 亿美元保障导弹防御系统，比 2004 年增长 20%，增幅处于所有武器系统之冠。其中，为导弹防御局提供 91 亿美元的资金，用于导弹防御系统的研发和部署，处于所有武器系统之冠。布什政府已经决定在两年内部署一个具有有限拦截弹道导弹能力的防御系统，其具体计划是：在 2004 财年，部署 10 枚地基拦截导弹；在 2005 年，计划建立起 20 个陆基导弹拦截系统和 10 个海基导弹拦截系统，同时，早期导弹预警雷达和指挥控制系统的软硬件设备也得到升级。在 2005 财年还投资 4.87 亿美元采购 108 套 "爱国者 3" 型导弹，98 亿美元用于导弹的科研、开发、试验及评估。此外，根据预算案，2005 年导弹防御局还投入 2.39 亿美元资金，专门用于研发和改进联合地基巡航导弹防御系统，并把地基中程防空导弹融入巡航导弹防御系统的架构中，加速开发综合火力控制系统和网络传感器系统，力争到 2010 年建成第一支具备综合火力控制能力的导弹防御部队。

这些转变都是美国为更好地应对国际安全环境变化而做出的，其最终目的是为了最大限度地维护美国的国家利益。同时，这些调整也遵循一条经济学基本规律：在不同的条件下，使用最少的军费投入，得到最大的军事效益。

第二节　美国的反恐政策

2001 年 9 月 11 日，早上 8：46 分，第一架飞机撞上纽约的世界贸易中心北楼；9：03 分，第二架飞机撞上世界贸易中心南楼；9：37 分，第三架飞机撞上首都华盛顿的五角大楼；10：03 分，第四架飞机原来的目标可能是白宫或国会大厦，由于机上人员与恐怖分子拼死搏斗，最后飞机在宾州坠毁。世贸中心死亡 2 751 人，五角大楼死亡 125 人，宾州死亡 45 人，四架飞机上总共有 256 人丧生，并最终造成 3 000 多平民死亡。"9·11" 事件的死亡人数超过了 1941 年日本偷袭珍珠港的死亡人数。

2001 年 10 月 7 日，以美国为首的联军对阿富汗基地组织和塔利班开战，以对"9·11"事件进行报复，这也标志着反恐战争的开始。联军官方称这场战争的目的是逮捕本·拉登等基地组织成员并惩罚塔利班对恐怖分子的支援。

国土安全。国土主要指一个国家主权范围内的领陆、领水、领空和底土四个方面的安全，这是传统的国家生存空间范围的安全。随着科学技术的发展以及经济技术开展和经济发展的需要，国家生存空间领域也在不断拓展，网域、天域和经济海域等空间的安全也需要引起重视。

政策制定。布什提出了三项新战略以应对恐怖分子：第一，继续在全球范围内对抗基地组织及其追随者。美国将不再简单地将恐怖主义定性为一种单纯行为。美国将"继续在全世界奋战，绝不让他们在美国重现"。第二，美国向所有国家再次表明："不管哪个国家，哪个人，只要你宽容恐怖分子，你就被视同恐怖分子，你就是美国的敌人。"第三，美国将提出一个大胆的、新的"自由纲领"，以战胜这些"邪恶的意识形态敌人"。这个"自由纲领"将得到包括中东国家在内的"自由力量"的支持。在遭受美国建国以来最大的恐怖活动袭击——"9·11"事件后，美国国会通过了由美国总统布什提议、大多数美国人民支持的法案——《爱国者法案》。

恐怖活动的性质：它是直接针对无辜平民的政治暴力，以一种非理性的方式来换取民众对自己的关注。随着时代的发展，此类活动的规模正在发展壮大。

2001 年 9 月 11 日由恐怖主义者挟持的美国客机撞击美国世界贸易中心，本想以此达到让美国人屈服于自己的目的，结果却与恐怖主义者的预期大相径庭，它唤起了美国人民的反恐意识，国民意识空前高涨，于是《爱国者法案》应运而生。

《爱国者法案》的执行：美国对于反恐一直都是以威慑这种方式进行的，即任何针对美国的恐怖攻击行为都将会对其本国带来毁灭性的打击，同时也警示那些给恐怖分子提供支持的国家和组织，如叙利亚、伊朗、伊拉克，等等。

其条款如下：

（1）自由窃听。允许对任何嫌疑人进行自由窃听，不需要报告。

（2）互联网跟踪。允许执法部门进行网络跟踪。同时也不需要委托书。

（3）交易记录。允许调查人员获取嫌疑人信用卡消费记录等。

（4）查封和扣押。可以对嫌疑人进行财产冻结，而解冻则需要嫌疑人本人提供非恐怖分子证据。

（5）拘留。在没有司法命令的情况下，可以对嫌疑人拘留很长一段时间。

（6）禁止恐怖分子偷渡海关。已经偷渡的或图谋偷渡的人，都被认为是恐怖主义者。

由于获取外国情报局的搜查令速度太慢，总统作为战场最高指挥官，可以用自己的方式收集情报，同时创立了外国情报监视局，其目的就是在需要时做出最快的反应动作。

对于在反恐战争中被捕获的人，包括在本国和在其他国家被捕获的人，美国国会不会给予其任何权利，但在言辞上承诺会给予人道主义待遇。总统以战时最高指挥官的权力成立特别军事法庭，审判这些恐怖分子。

"9·11"事件过后，美国总统布什发表全国电视演说，并发动了反恐战争。美国的"全球反恐战争"已经在伊拉克、阿富汗等地陷入泥潭，交织着各方矛盾的中东地区呈现处处冒烟的危机状态。面对这种形势，面对美国国内民众及政治对手的全面质疑，美国总统布什2011年8月31日在美国退伍军人大会上，正式将美国的"全球反恐战争"重新定义为"反伊斯兰法西斯战争"，指明美国的这场战争是"一场21世纪的意识形态决战"，是"西方的民主自由力量"与"伊斯兰法西斯主义"的一场战争。他在奢谈"民主与自由"之后，强调"伊斯兰法西斯主义"是20世纪法西斯主义、纳粹主义的继承者。他承认"这场战争将是艰苦的，将是长期，但是'自由和民主'必将取得胜利，极端主义势力必将失败"。同时总统经常设置新的官僚机构，已表明其对坚持某一政策方向的承诺和保证，并设立国土安全办公室，由宾夕法尼亚州最有声望的州长汤姆·里奇做部长，但里奇并没有被授予直接的保护国家免受恐怖主义威胁的权力，而是被授权协调40多个独立行政部门的反恐行动。在2002年年底，认为政府在确保美国公众不受恐怖袭击的行动方面做得不够的批评越来越多，布什总统建议建立一个新的国土安全部。

美国国土安全部的格言是：保卫我们的自由。

美国国土安全部主要由四大业务分部组成，包括：信息分析与基础设施保护分部，化学、生物、放射与核对抗措施分部，边境与运输安全分部以及应急准备与反应分部。除了一个负责协调与州、地方政府和私营部门相关事务的机构外，特勤处、海岸警卫队也将作为独立机构存在。

（1）信息分析与基础设施保护分部。它负责收集和分析来自其他机构的涉及国土安全威胁的情报和信息，全面评估关键基础设施应对恐怖主义者的能力。

（2）化学、生物、放射和核对抗措施分部。它负责领导联邦政府应对恐怖分子威胁的准备和反应工作，包括对付大规模杀伤武器威胁和集团性恐怖主义行动。

（3）边境与运输安全分部。它统管主要边境、领海和运输安全。

（4）应急准备与反应分部。它负责监视国内灾难准备训练，协调政府各部门的灾难反应行动。

（5）特勤处的主要任务是保护总统和其他政府要员的人身安全。

（6）海岸警卫队负责保护主要公共建筑物、水域和港口，都要直接向部长汇报。

创建国土安全部的政策评估：或许这个部门有效性的最大障碍是联邦机构对国家安全的过度干预——联邦调查局、中央情报局、国防部的情报和反恐部门的情报等都不在国家安全部的管辖范围内。而且，这个新部门还负责与这些机构进行协调。这就要求对从国内外收集到的恐怖袭击信息进行综合分析——一项令人生畏和头痛的任务。

美国在"9·11"事件之后最明显的变化是采取了反恐攻势。在"9·11"事件之前，由于害怕恐怖分子报复，美国在反恐方面比较谨慎。不单是美国，世界上所有国家甚至普通人，大部分都慑于报复而对恐怖分子退避三舍。"9·11"事件把美国打急眼了，伴随着"要么和我们在一起，要么和恐怖分子在一起"的叫嚣，美国采取了"先发制人"的战略，发动了反恐战争。且不论美军在战场上表现如何，起码在美国国内，大规模的恐怖袭击越来越罕见。这可以认为是攻势反恐的最明显的效果。攻势反恐对于打击恐怖主义是非常重要的。如果说因美国的反恐战争迟迟未决而难以说明问题，那么以色列打击哈马斯的例子可能更有说服力。自2001年10月到2004年，以色列遭到了猛烈的自杀式人肉炸弹袭击，几年时间内发生大小袭击100多起。2004年3月，以军发动空中打击，炸死了哈马斯精神领袖亚辛；4月，以同样的方式炸死了哈马斯领导人兰提西。在以色列实施暗杀行动之后，人们普遍认为以色列会遭到报复，然而事实与人们的想象正相反：以色列每进行一次大动作，其安全形势就会有相应的好转。

"9·11"事件后，美国视中东为恐怖主义的大本营和滋生地，决意对中东进行"民主改造"，用美式民主和价值观遏制、淡化伊斯兰教的影响，从政治、思想和文化上控制这些国家，并许以经济上的好处，以平息阿拉伯国家中反美、仇美情绪，消除产生针对美国的恐怖主义活动的根源。在伊拉克战争之后，美国推出了一个"大中东民主计划"，但这一计划遭到了中东地区主要国家的反对，不久就杳无声息了。

技术反恐

在打击恐怖分子的具体手段上，美国更多地依赖高技术，可以说是技术反恐。在伊拉克和阿富汗前线，美军依靠各种高技术装备与当地反美武装作战。2011 年 5 月 1 日击毙本·拉登的行动中，美国人在高度紧张的情况下坠毁了一架隐形直升机，可见美军的技术优势超过了一般人的想象。反恐战争打了 10 年，美军阵亡 6 200 多人，比起美军在越南的 10 年、苏联在阿富汗的 10 年，伤亡减轻很多，技术进步就是主要因素之一。

例如，对付狙击手，美军就采取了很多技术措施，如无人机+精确制导小炸弹、热像仪、声波探测仪、遥控武器站、激光制导迫击炮弹、大口径狙击枪，等等。根据美军方统计，在伊拉克发生的狙击事件数量是：2006 年 386 起，2007 年 280 余起，2008 年 180 余起，到 2009 年，美军没有遭到狙击！

在美国国内，也是依靠技术手段反恐，用得最多的手段是窃听，其次是各种透视扫描仪器。美国的窃听技术世界一流，据外电报道：全球 1/10 的电话曾被美国国家安全局监听过；各国首脑的谈话更是美国情报机构窃听的重点。美国国家安全局一名官员说："几乎没有哪一国总统的声音未在我们特工的耳机里出现过。他们要么是在办公室里打电话时被窃听，要么是访美期间在饭店房间里被监听。"此外，据说美国有能力偷看世界上大部分的电子邮件、偷听（看）大部分的网上聊天。

经济反恐

恐怖分子的活动以雄厚的资金为后盾，本·拉登所创建的金融帝国的触角伸到了世界各大洲。美国要切断恐怖分子的资金来源，就必须与国际组织和其他国家的金融机构合作。"9·11"事件后美国把争取国际合作、在金融领域打击恐怖分子作为其国际反恐战争的重要内容之一。

美国政府公布了一份名单，宣称被列入名单的 27 个机构和个人与恐怖主义组织有牵连，因而将冻结它们在美国和其他国家的财产。美国政府还宣布，他们已查明，以拉登为首的恐怖组织的财产分布在亚、非、欧、美 55 个国家。与其他领域的国际反恐战争一样，美国在呼吁金融领域的反恐国际合作时，常常这样说：恐怖主义不仅针对美国，它也是对整个人类文明社会的挑战；如果恐怖主义不受惩罚，其他国家的城市和民众就有可能是下一个目标。与此同时，美国也提请世界各国的银行和金融机构注意："我们将会与它们的政府合作，请求它们冻结或限制恐怖分子获得在外国账户上的那些资金的能力。如果它们不在冻结账户方面帮助我们的话，财政部现在已得到授权去冻结它们的银行在美国的资产和交易。"

与此同时，布什总统下令在财政部成立了"恐怖分子外国资产追踪中心"，由来自情报部门、执法部门和金融规章制定部门的代表组成，其核心任务就是处理全球范围内有关恐怖主义组织金融资产的事务，其收到的信息将用于鉴别和阻断恐怖分子的财源，瓦解其财政基础。这样，按布什的话说，美国已在国际金融领域发展出一种相当于"要犯通缉"名单那样的东西。他提请金融界注意，如果你与恐怖分子做生意，如果你支持或资助他们，你就不能与美国做生意。美国呼吁国际合作以切断恐怖分子财源的努力得到了世界上大多数国家的响应。巴基斯坦、哥伦比亚、哥斯达黎加、捷克和韩国等迅速采取配合措施，冻结了不少涉嫌与恐怖组织有瓜葛的账户和财产。"9·11"事件发生后一个月，美国与其他国家共冻结阿富汗塔利班政权、基地组织及拉登的资产达 2 400 万美元。10 月 20 日，40 多个欧洲国家在布鲁塞尔开会筹组全球反恐联合阵线时，同意采取更广泛的行动来冻结与恐怖分子有关的资产。日本大藏省在 10 月 19 日公布的该国冻结与塔利班政权相关资产的进展情况表明，被冻结的相关银行账户共有 31 户，存款额达 9 000 万日元。巴林财政部部长则在 10 月 13 日表示，"海湾合作委员会" 6 个成员国已达成协议，同意根据美国公布的名单，冻结恐怖主义组织或个人在它们国家的资产。美国财政部部长奥尼尔在 11 月 18 日宣布，到那时为止，全球已有至少 120 个国家加入美国发起的冻结恐怖主义组织资产的国际行动，阿富汗塔利班政权及基地组织在全球已有至少 5 600 万美元的资产被冻结。与情报分享比较，美国在从事国际金融领域的反恐战争时更注意发挥国际组织的作用，通过与联合国、欧盟的紧密合作，通过 7 国集团这一机制，去限制恐怖主义组织利用国际金融体系的能力。"9·11"事件后，美国行政当局除请求参议院迅速批准美国已经签署了的《关于禁止向恐怖主义提供资金的联合国公约》外，还积极在联合国推动该公约的落实。联合国安理会在"9·11"事件后，呼吁其成员国冻结恐怖嫌疑分子的资产，并在11月底下令在全球范围内冻结阿富汗塔利班政府官员的资产，进一步扩大了可进行资产冻结的个人或恐怖组织的名单。新名单包括152名塔利班政权官员，除奥马尔外，塔利班政权各部门头头也全都榜上有名。另外，美国还通过7国工业财长会议，呼吁各国尽快成立金融调查单位（FIUs），并推动由29个国家组成的金融行动特别小组（FATF）在10月下旬召开会议，强调加强国际合作，断绝恐怖分子的资金来源。美国在国际金融领域的反恐战争得到了大多数国家及有关国际组织的支持和响应，迅速取得一定成效。但复杂的国际形势和国际银行系统的特殊性，注定了在国际金融领域的反恐战争将是一场艰苦的持久战。

恐怖主义威胁

通过威慑维持和平与安全的战略首先基于"敌人是理性的"这个假想条件——理性的敌人不愿意因自身的侵略行为，而给自己、给人民、给自己的国家带来死亡和破坏。半个世纪以来，在2001年9月11日恐怖主义分子袭击美国之前，美国的国家安全防御战略主要依赖于威慑——使潜在的敌国确信，任何对美国的攻击都会给敌国本身及其人民造成毁灭性的损失。但是"9·11"事件唤起了美国对恐怖主义威胁的意识——恐怖主义就是由敌人精心谋划的对民间目标的攻击，恐怖分子为了所谓的事业而愿意牺牲自己及其人民。

"9·11"恐怖袭击最终造成纽约和华盛顿3 000多名平民死亡。平民乘坐的商业航班被劫持，并以极高的速度直接撞向美国经济和军事力量的标志性建筑——纽约世界贸易中心和华盛顿的五角大楼。纽约市最大建筑物倒塌的电视画面对美国人民造成了长期的影响。美国发现自己处于一场新型战争——反恐战争中，隐秘的敌人处心积虑地想杀死尽可能多的无辜平民。

恐怖主义的目标是直接针对无辜平民的政治暴力。恐怖主义对平民来说是野蛮的，但它并非缺乏理性的。恐怖分子并不是疯子。他们的首要目标是以最夸张的方式来宣告他们的苦难、他们对暴力的责任以及对人类生命的漠视。在最初的阶段，恐怖主义行动的成功度，与它受到的公众关注度是直接联系的。恐怖主义集团高兴地声称它们对自己的行动负责。事件越恐怖，损失越大，死亡人数越多，媒体的报道越多，就越有利于恐怖分子达到吸引公众注意力的目的。

恐怖主义的发生与发展有着十分复杂的社会历史根源，反恐斗争不是一朝一夕就能成功的。反恐应从两个方面着手：一是严厉打击现存的恐怖主义；二是防止潜在恐怖主义的产生。要不断拓宽国际反恐斗争合作领域，使恐怖分子无处藏身。跨国活动是恐怖主义的主要活动方式之一，"一地策划，异地实施"的恐怖活动迫使国际社会必须进行反恐斗争合作。从当前的实际情况看，国际反恐斗争合作的基础仍是双边合作。面对共同的恐怖主义威胁，从维护国家安全的角度出发，采用双边合作方式较有成效。国际反恐斗争的多边合作正在蓬勃发展，这主要体现在一些地区性组织的反恐斗争合作上。基于一定的地缘与共同的利益，目前合作趋势良好。但这两种层面上的反恐合作仍有一定的局限性，因为恐怖主义不会受这种合作区域的限制。因此，全球性反恐斗争合作仍亟待在国际公约的基础上建立、完善并机制化。国际反恐斗争合作的一个重要方面，就是要用具体的措施来充实和完善各种反恐协议、协定与公约，国际反恐斗争合作的领域也应随之不断扩大。由于恐怖主义问题涉及方方面面，因此反恐合作既要有道义上的支持，也要有司法上的合作；既要有情报交流，也要有技术合作；既要有经济制裁，也要有联合军事打击；既要有国家领导人的会面商谈，也要有具体执行部门的相互协助，从而从各个方面最大限度地限制恐怖分子的活动空间，切断恐怖组织的资金来源，使恐怖分子无论躲到哪里，都难以逃脱法律的制裁。要加强联合国在国际反恐怖斗争中的主导作用。反恐斗争既是一项长期的任务，也是一项复杂的工程，这需要国际社会的共同努力才能完成。为了解决当前反恐斗争中存在的问题，使国际反恐合作朝着健康的方向发展，美国要依托联合国发挥更大作用，以联合国为框架，建立和完善全球性的反恐斗争合作机构。美国认为这是彻底解决恐怖主义问题的根本途径。

内容回顾：

博弈理论模型认为世界主要大国的国防政策是相互依存的，政策的结果依赖于世界各国所做出的综合考虑。美国主要依靠威慑政策来维持和平。恐怖主义是一种目标指向无辜平民的政治性暴力，它的目的是引起人们的恐慌，并削弱人们对本国政府保护他们能力的信心。美国通过技术反恐、经济反恐、情报反恐、全球性反恐等多种方式展开反恐斗争。

学习本章，应重点掌握下列几个知识点：国防政策的制定及其产生的问题、反恐政策、技术反恐和经济反恐、恐怖主义威胁。

173

复习思考题：

一、选择题

1. 美国的国防政策主要依靠（　　）政策来维持和平。

　　A. 冷战

　　B. 防御

　　C. 反恐

　　D. 威慑

2. 美国主要依靠威慑政策来维持和平。为了执行其威慑战略，美国建立了"三合一"武器系统，其中不包括下列（　　）项。

　　A. 陆基洲际弹道导弹

B. 潜射弹道导弹

C. 战略轰炸机

D. 萨德反导弹系统

3. 美国和苏联在 1963 年达成了下列（　　）项协议，禁止在空中、水下和太空进行核试验，只允许进行地下核试验，认为这样可以减少大气中的放射性物质。

A.《部分禁止核试验条约》

B.《限制地下核试验条约》

C.《国家安全法》

D.《埃伯斯塔特报告》

4.《爱国者法案》不包括下列（　　）条款。

A. 自由窃听

B. 互联网跟踪

C. 交易记录

D. 要犯通缉

5. 美国国土安全部的格言是（　　）。

A. "保卫我们的自由"

B. "先发制人"

C. "积极应对"

D. "维护和平"

答案：1. D　2. D　3. A　4. D　5. A

二、思考题

1. 分析 2016 年美国国防战略与军队建设政策动向。

2. 恐怖活动的性质是什么？

3. 什么是经济反恐和技术反恐？

参考文献

【1】理查德·谢弗. 社会学与生活 ［M］. 赵旭东，译. 北京：世界图书出版公司，2010.

【2】D. C. 缪勒. 公共选择理论 ［M］. 杨春学，译. 北京：中国社会科学出版社，1994.

【3】查尔斯·韦兰. 公共政策导论 ［M］. 魏陆，译. 上海：上海人民出版社，2014.

【4】托马斯·R. 戴伊. 理解公共政策 ［M］. 谢明，译. 北京：中国人民大学出版社，2011.

【5】佛兰克·冷斯. What American Really Want? ［M］. 邵杜罔，译. 北京：人民邮电出版社，2014.

【6】詹姆斯·E. 安德森. 公共决策 ［M］. 唐亮，译. 北京：华夏出版社，1990.

【7】约翰·W. 金登. 议程、备选方案与公共政策 ［M］. 丁煌，等，译. 北京：中国人民大学出版社，2004

【8】戴维·L. 韦默. 政策分析：理论与实践 ［M］. 戴星翼，等，译. 上海：上海译文出版社，2003.

【9】佛兰克·费希尔. 公共政策评估 ［M］. 吴爱明，等，译. 北京：中国人民大学出版社，2003.

【10】盖伊·彼得斯. 公共政策工具 ［M］. 顾建光，译. 北京：中国人民大学出版社，2007.

175

【11】查尔斯·E. 林布隆. 政策制定过程 [M]. 林国斌, 译. 上海：上海译文出版社，1988.

【12】杰伊·沙夫里茨. 公共政策经典 [M]. 彭云望，译. 北京：北京大学出版社，2008.

【13】罗伯特·A. 达尔. 现代政治分析 [M]. 王沪宁，等，译. 上海：上海译文出版社，1987.

【14】斯科特·普劳斯. 决策与判断 [M]. 施俊琦，等，译. 北京：人民邮电出版社，2004.

【15】陈庆云. 公共政策分析 [M]. 北京：北京大学出版社，2006.

【16】张金马. 政策科学导论 [M]. 北京：中国人民大学出版社，1992.

【17】张金马. 公共政策分析：概念、过程、方法 [M]. 北京：人民出版社，2004.

【18】张国庆. 公共政策分析 [M]. 上海：复旦大学出版社，2004.

【19】谢明. 公共政策案例分析 [M]. 北京：中国人民大学出版社，2009.

【20】谢明. 公共政策导论 [M]. 3 版. 北京：中国人民大学出版社，2012.

美
国
社
会
的
公
共
政
策